新媒体商学院　编著

短视频+直播带货一本通

抖音+快手+B站+淘宝+拼多多

化学工业出版社

·北京·

内容简介

《短视频+直播带货一本通：抖音+快手+B站+淘宝+拼多多》从"技巧篇"和"平台篇"两方面，对短视频+直播带货进行了深度剖析，帮助广大运营者从零开始快速精通带货卖货。

技巧篇，从人设打造、文案制作、营销策略、"种草"方法和带货技巧5个方面，对短视频和直播带货的核心方法进行了由浅入深的剖析。平台篇，对抖音、快手、B站、淘宝和拼多多这5大热门带货平台进行了全面细致的分析，现在流行矩阵布局，只要有一个平台运营成功，就是获利。

本书不仅适合运营者了解自身运营情况，适合各平台主播增强自身直播水平，提升带货能力，同时也为对短视频+直播感兴趣的读者提供经验指导，为运营找到新的突破点。

图书在版编目（CIP）数据

短视频+直播带货一本通：抖音+快手+B站+淘宝+拼多多/新媒体商学院编著．—北京：化学工业出版社，2021.4
ISBN 978-7-122-38605-2

Ⅰ．①短… Ⅱ．①新… Ⅲ．①网络营销 Ⅳ．①F713.365.2

中国版本图书馆CIP数据核字（2021）第035577号

责任编辑：刘　丹　　　　　　　　　　　　装帧设计：王晓宇
责任校对：宋　玮

出版发行：化学工业出版社（北京市东城区青年湖南街13号　邮政编码100011）
印　　装：大厂聚鑫印刷有限责任公司
710mm×1000mm　1/16　印张16¼　字数261千字　2021年7月北京第1版第1次印刷

购书咨询：010-64518888　　　　　　　　售后服务：010-64518899
网　　址：http://www.cip.com.cn
凡购买本书，如有缺损质量问题，本社销售中心负责调换。

定　　价：68.00元　　　　　　　　　　　　　　　版权所有　违者必究

前言
PREFACE

随着移动网络技术的发展和网民数量的快速增加，网购已经是主流购物方式。与线下实体店购物相比，网购具有选择性多、价格相对较低和购买方式便捷等诸多优势。经历了"疯狂"网购的阶段，人们现在对待网购变得更加理智。在这种情况下，以往那种单纯地将产品摆在电商平台进行销售的方式，越来越难吸引用户下单。

于是，电商运营者开始探索新的营销方式。一部分运营者借助电商平台推出的直播功能进行带货，增加与用户的互动，通过实时交流，增强产品对用户的吸引力，直播也成了一种重要的带货方式。

近两年来，短视频平台的发展，更是为网购增添了不少活力。许多运营者通过在短视频中插入产品链接或在商品橱窗中展示产品等方式，为用户提供了便利的购买渠道。

现在，短视频+直播逐渐成了主流的线上带货方式，也是目前新零售电商最落地的一种方式。

在这种情况下，如何借助短视频和直播进行带货，成了许多商家和运营者重点考虑的问题。为了满足这部分读者的需求，使广大运营者快速掌握短视频+直播带货的核心技巧，笔者团队编写了本书。

本书从两个方面对短视频+直播带货的相关内容进行了全面呈现。前5章内容对短视频+直播的核心技巧进行了介绍，让运营者可以快速入门短视频+直播带货。后5章内容对多个平台短视频+直播的具体带货方法进行了介绍，让运营者能够针对具体平台找到适合的带货方法，提高变现的效果。

需要特别提醒的是，本书是基于写作时各短视频和直播平台的实际操作来编写的，但书从写完到出版需要一段时间，在这段时间里，软件界面与功能会有调整与变化，比如有的内容删除了，有的内容增加了，但是核心内容是不会变的，请在阅读时，根据书中的思路，举一反三地学习。

本书由新媒体商学院策划编写，高彪等人在编写过程中给予了帮助，在此表示感谢。由于笔者知识水平有限，书中难免有疏漏之处，恳请广大读者批评、指正。

编著者

目录 CONTENTS

技巧篇

第 1 章 人设：快速开启你的网红之路

1.1 直播+短视频：优势互补，共享流量池 / 003

1.1.1 直播：即时互动性、沟通性强 / 003

1.1.2 短视频：内容碎片化、精细化 / 003

1.1.3 直播+短视频：相辅相成促进流量转化 / 006

1.2 达人主播：打造更值得信赖的主播形象 / 006

1.2.1 形象定位：完善主播形象 分析带货能力 / 006

1.2.2 主播打造：新主播如何向顶级迈进 / 010

1.2.3 自我充实：能力、性格全方位塑造 / 014

1.3 人设魅力：让主播更有记忆点和话题性 / 015

1.3.1 抓心人设：迈向成功第一步 / 015

1.3.2 了解人设：定制个人标签 / 016

1.3.3 独特人设：定义全新形象 / 019

1.3.4 人设标签：运用差异化策略 / 021

第 2 章 文案：套用爆款文案写作公式

2.1 脚本策划：做好各方面的规划 / 024

2.1.1 大纲：规划方案 / 024

2.1.2 脚本：案例展示 / 026

2.2 爆款标题：勾起用户的兴趣 / 028
2.2.1 常见方法：标题应该这样来写 / 028
2.2.2 吸睛标题：10种常见制作套路 / 030

2.3 吸睛内容：有创意、有价值 / 043
2.3.1 内容选择：多种热门类型 / 044
2.3.2 内容制作：打造优质内容 / 050
2.3.3 内容特质：差异化运营 / 052

2.4 语言能力：打造一流的口才 / 053
2.4.1 语言表达能力：提高视频节目质量 / 053
2.4.2 学习聊天技能：让你的直播间"嗨翻天" / 054

第 3 章

营销：从"流量"到"留量"

3.1 内容营销：玩转短视频+直播"种草" / 058
3.1.1 从产品入手：用户偏爱的"种草"产品 / 058
3.1.2 从主播入手：寻找高商业价值的达人主播 / 059
3.1.3 从内容入手：内容制作形成"种草"效果 / 061

3.2 营销推广：熟练运用平台的产品体系 / 061
3.2.1 曝光触达：获得海量曝光，精易触达 / 061
3.2.2 互动引导：抓住共同利益点，打造触点 / 063
3.2.3 创意信息添加：提高点击率，促进转化 / 066

3.3 营销策略：借助各种方法引爆销量 / 070
3.3.1 活动营销：快速吸引用户目光 / 070
3.3.2 饥饿营销：限量提供引发抢购 / 071
3.3.3 事件营销：结合热点推销商品 / 072
3.3.4 口碑营销：用好评率刺激消费 / 073
3.3.5 品牌营销：实现名气销量齐飞 / 075

3.3.6　借力营销：借外力为推广增益 / 076

3.4　营销话术：让你的表达更有说服力 / 077
3.4.1　常见话术：直播间卖货通用 / 077

3.4.2　带货话术：新主播必须掌握 / 079

第4章
"种草"：发挥短视频的带货能力

4.1　引导购物："种草"的优势展露无遗 / 085
4.1.1　直观性：让用户不知不觉被"套路" / 085

4.1.2　场景化：让你的产品更加吸引人 / 085

4.2　KOL"种草"：加速用户的转化决策 / 087
4.2.1　中腰部KOL：基于消费者角色引发共鸣 / 087

4.2.2　头部KOL：基于关注关系获得用户信任 / 088

4.3　"种草"作用：激发用户需求，提高转化 / 088
4.3.1　社交分享：增加用户对产品的认知 / 089

4.3.2　"种草"内容：加强用户信任，刺激消费 / 091

4.3.3　购买转化：让用户"种草"后快速"拔草" / 092

4.4　把握心理："种草"要击中人性的本质 / 094
4.4.1　从众心理：都在"种草"，可以试试 / 094

4.4.2　权威心理：他推荐的应该不错 / 095

4.4.3　求实心理：确实有效，值得一买 / 096

4.5　4W1H理论：快速做好"种草"短视频 / 097
4.5.1　What：对什么进行"种草"？ / 098

4.5.2　Who：谁"种草"或被"种草"？ / 099

4.5.3　Where：在哪里"种草"？ / 101

4.5.4　Why：为什么要"种草"？ / 101

4.5.5　How：如何进行"种草"？ / 103

第 5 章

卖货：助你轻松玩转直播带货

5.1 人货场：直播带货的 3 大元素 / 108
    5.1.1 人：为产品找到最合适的带货达人 / 108
    5.1.2 货：任何产品都能找到火爆的路径 / 109
    5.1.3 场：选择更为适合自己的直播平台 / 112

5.2 卖货渠道：各类平台百花齐放 / 112
    5.2.1 App：直播卖货开始向多元化发展 / 112
    5.2.2 小程序：微信生态的巨大流量红利 / 114

5.3 深挖卖点：用产品撩动用户 / 116
    5.3.1 选好货源：用优质货品持续联接用户 / 116
    5.3.2 用好卖点：展现优势，提高产品销售额 / 118
    5.3.3 挖掘卖点：最大化呈现出产品价值 / 118

平台篇

第 6 章

抖音：年入上百万的绝佳风口

6.1 短视频：5 大渠道轻松卖货 / 123
    6.1.1 商品分享：提供便捷的购买渠道 / 123
    6.1.2 商品橱窗：向用户集中展示产品 / 126
    6.1.3 抖音小店：在站内即可完成购物 / 133

6.1.4 抖音小程序：增加产品销售渠道 / 134
6.1.5 POI地址认领：将线上流量引到线下 / 137

6.2 直播：实现产品的自发传播 / 138

6.2.1 开通直播：方法其实很简单 / 138
6.2.2 开播流程：简单介绍具体步骤 / 139
6.2.3 专业直播间：可以这样来打造 / 141

6.3 引流推广：轻松获取抖音流量 / 142

6.3.1 DOU+：直接买推荐量引流 / 142
6.3.2 内容互动：抖音评论区引流 / 144
6.3.3 搭建团队：用账号矩阵引流 / 145
6.3.4 SEO：通过优化搜索引流 / 146
6.3.5 互推：借助@功能来引流 / 148

6.4 带货变现：打造爆款带货视频 / 149

6.4.1 异性相吸：转换角度找到新用户群 / 149
6.4.2 刺激目标：让用户看到自己的需求 / 150
6.4.3 软化植入：将硬广告变成产品推荐 / 151
6.4.4 点出用户：针对核心受众群体营销 / 152
6.4.5 预售"种草"：先为产品做好预热工作 / 152

第7章 快手：KOL带货变现绝佳途径

7.1 短视频：做好定位，选好内容 / 155

7.1.1 账号定位：找准自身运营方向 / 155
7.1.2 内容选择：找到上热门的方法 / 158

7.2 直播：掌握人气飙升的小秘诀 / 162

7.2.1 直播权限：开通直播功能 / 162
7.2.2 直播送礼：通过礼物变现 / 164

7.2.3　多种玩法：快速提升人气 / 166

7.3　引流推广：快速收获大量粉丝 / 170

7.3.1　作品推广：实现内容广泛传播 / 170

7.3.2　标签引流：学会借助热门话题 / 172

7.3.3　同框引流：借势名人拍摄视频 / 174

7.3.4　同款引流：借用优质背景音乐 / 176

7.4　带货变现：让快手带货更高效 / 177

7.4.1　场景植入：利用氛围调动情感 / 177

7.4.2　权威树立：塑造自身专业形象 / 178

7.4.3　开箱测评：神秘包裹轻松引爆 / 179

7.4.4　事实证明：效果说话获得认可 / 179

第8章

B站：揭秘带货变现的新玩法

8.1　短视频：受欢迎的内容如何制作 / 182

8.1.1　内容策划：形成独特鲜明的人设标签 / 182

8.1.2　视频制作：轻松拍出百万点赞量作品 / 187

8.2　直播：UP主如何玩转B站直播 / 190

8.2.1　开通直播：只需简单几步 / 191

8.2.2　直播规范：不要违规 / 193

8.2.3　直播玩法：几种必会技巧 / 194

8.3　引流推广：新手也能快速成网红 / 197

8.3.1　动态引流：用好专栏和视频 / 198

8.3.2　衍生内容：弹幕与评论引流 / 198

8.3.3　福利引流：抽奖活动很吸睛 / 200

8.3.4　内容造势：让用户都看过来 / 200

8.4 带货变现：打造赚钱的B站账号 / 202

8.4.1 会员购：借助电商平台变现 / 202

8.4.2 广告变现：让广告主找上门 / 203

8.4.3 橱窗变现：借助账号卖产品 / 204

8.4.4 课程变现：推出付费内容 / 204

8.4.5 充电变现：用户打赏提现 / 204

第9章 淘宝：全网最大的电商流量池

9.1 短视频：淘宝中不容忽视的营销渠道 / 208

9.1.1 商品主图视频：引流吸粉、持续盈利 / 208

9.1.2 详情页视频：增加用户的浏览深度 / 208

9.1.3 微淘视频：让用户更好地了解产品 / 209

9.2 直播：进行用户运营、互动营销的利器 / 212

9.2.1 如何开通：淘宝直播入驻方法 / 212

9.2.2 如何玩转：淘宝直播的运用技巧 / 215

9.3 引流：快速提升产品权重、引爆流量 / 217

9.3.1 有好货：通过发布内容引流 / 217

9.3.2 每日好店：通过剧情内容引流 / 218

9.3.3 淘宝头条：通过社区互动引流 / 218

9.3.4 洋淘：借助优质买家秀内容引流 / 219

9.4 带货变现：助你打造高转化率直播间 / 221

9.4.1 亲密联系：成为用户的私人购物助手 / 222

9.4.2 解决痛点：给出一个不得不买的理由 / 222

9.4.3 专业导购：内行直播带货更有说服力 / 223

9.4.4 活跃气氛：围绕产品特点来策划段子 / 224

9.4.5 介绍产品：结合产品为用户传授技巧 / 225

第 10 章 拼多多：提高成交量、收益翻倍

10.1 短视频：增加平台的用户黏性和使用时长 / 227
10.1.1 聊天小视频：满足向用户发送视频的需求 / 227
10.1.2 产品轮播视频：视频内容的选题策划是重中之重 / 229

10.2 直播：合理挖掘直播潜力 增强变现效果 / 230
10.2.1 开通直播：具体方法讲解 / 230
10.2.2 直播技巧：助你玩转直播 / 232
10.2.3 直播规范：违规可免则免 / 233

10.3 引流推广：实力吸粉圈粉其实就这么简单 / 234
10.3.1 搜索推广：助力自然流量提升 / 235
10.3.2 场景推广：抢占站内的优质资源 / 239
10.3.3 专属推广：专属推手可协商佣金 / 241
10.3.4 招商推广：对接优质产品与推手 / 241
10.3.5 全店推广：增加产品的曝光度 / 243

10.4 带货变现：产品能够为用户带来价值 / 244
10.4.1 品质说话：获得铁杆粉丝 / 244
10.4.2 高性价比：抓住用户的心 / 244
10.4.3 货源选择：选好货源渠道 / 245
10.4.4 目标市场：提高店铺转化率 / 246
10.4.5 精准定位：精准匹配用户群 / 247

技巧篇

第1章
人设：快速开启你的网红之路

学前提示

各短视频和直播平台上的顶级网红之所以能被广大用户记住，关键在于这些网红都有属于自己的人设（人物设定）。

那么，我们如何打造人设，增加人设魅力，更好地开启主播的网红之路呢？这一章就来重点解答这些问题。

1.1 直播＋短视频：优势互补，共享流量池

因为直播和短视频之间存在一些差异，所以在打造人设时，运营者和主播也应该将自身的直播和短视频特色作为依据。在讲人设之前，笔者先来讲讲直播和短视频各自的特色及彼此的关系。

1.1.1 直播：即时互动性、沟通性强

直播具有即时互动性，几乎所有的直播都可以进行单向、双向甚至多向的互动交流。对主播而言，直播的这种优势能够更好地获得用户的反馈，从而更有针对性地对自身进行改进；对用户而言，他们可以通过直播与主播互动，或者实时提出自己的意见和建议。

直播还具有沟通性强的特点，在直播过程中，用户会询问关于产品适应范围的问题。例如，询问护肤品是适合干性的肌肤，还是适合油性的肌肤；服装是否有合适的尺码等。

1.1.2 短视频：内容碎片化、精细化

短视频的时间精短，但是短短几分钟可以将一个原本复杂、枯燥的知识点转化为简单且有趣味的内容。接下来分析一下短视频的主要特点。

1.内容的碎片化

短视频的诞生与人们逐渐忙碌的生活习惯息息相关，人们可以利用零碎时间观看短视频，并且可以利用移动数据随时观看。因此，短视频的使用场景多为碎片化的时间，而长视频则需要花费更长的时间，适宜在稳定的网络环境下观看。

具体来说，短视频的优势主要体现在3个方面，如图1-1所示。

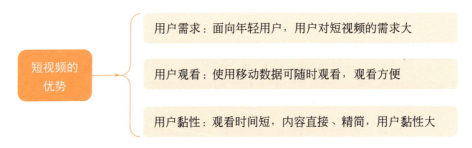

图1-1 短视频的优势

短视频的制作者分为4类：普通运营者、专业运营者、专业机构以及内容整合机构，具体分析如图1-2所示。

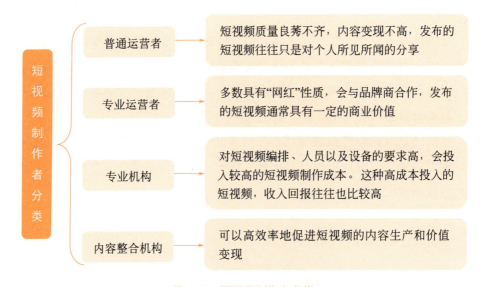

图1-2 短视频制作者分类

2.内容的精细化

短视频的内容精准，标签分类众多。以B站（bilibili的简称）为例，其短视频共分为2529个频道（截至笔者写稿时的数量），这些频道分属于25个标签。图1-3所示为B站"动漫"和"游戏"标签的相关页面。

打开一个标签后，页面中通常会显示精选、综合和话题这3个板块，部分标签还带有其他的特定板块。图1-4和图1-5所示分别为"王者荣耀"和"动漫杂谈"标签的页面。

> 第1章
> 人设：快速开启你的网红之路

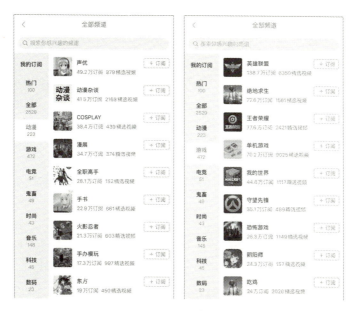

图 1-3　B 站"动漫"和"游戏"标签的相关页面

图 1-4　"王者荣耀"标签页面

图 1-5　"动漫杂谈"标签页面

这样精准的分类可以让用户通过标签快速找到自己感兴趣的内容，大数据的算法也让平台可以更加精准地将个性化视频推荐给用户。

1.1.3 直播+短视频：相辅相成促进流量转化

相较于短视频，直播的互动性更为及时且直接，许多短视频平台都开通了直播功能，这种短视频与直播相结合的形式，让主播与用户的交流得到了加强，使得平台用户黏性增大。

短视频与直播的结合，将两种内容的不同优势进行有效结合，更好地促进了流量的转化和内容的变现。图1-6所示为短视频和直播各自的优势。

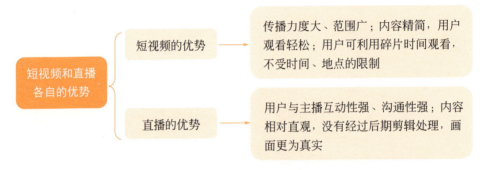

图1-6 短视频和直播各自的优势

1.2 达人主播：打造更值得信赖的主播形象

在直播的舞台上，主播可以说是绝对的主角，他们通过镜头向用户展示自己的形象和魅力。只有经过无数的训练和积累，才能成长为一名合格的主播。那么，主播要如何打造更值得信赖的人设形象呢？这一节就从形象定位、主播打造和自我充实3个方面进行说明。

1.2.1 形象定位：完善主播形象 分析带货能力

在从事直播销售工作时，主播要怎么判断自身的形象是否达标？又该如何判断自己的带货能力是否达到了水平线呢？下面就对这些问题做出解答。

1. 如何判断自身的形象是否达标

主播的类型多种多样，各种风格都有，当选择成为一名销售主播时，首先要确定自己的形象和风格。因为主播形象会成为用户对主播的"第一印象"。

新主播可以从一些基础的筛选方向来了解自身的形象，抑或是根据这些方向，自己主动贴近所需要的形象。下文将从4个方向来分析，帮助主播找到自己的风格，如图1-7所示。

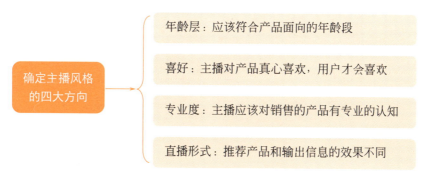

图1-7 确定主播风格的四大方向

（1）年龄层

主播的年龄、形象要和产品面向的消费者年龄段相符，这样的话，主播在销售产品时，会起到非常好的宣传效果。例如，年轻的女主播可以在直播间推荐一些时尚化妆品、时尚首饰；妈妈级别的主播推荐婴幼儿用品；喜欢养身的中年主播可以推荐茶具用品之类的产品。

这样可以吸引同年龄层用户的目光，让他们对直播产生兴趣，愿意在直播间停留，也可以让主播获得更多流量，从而有效地提高产品的转化率。这也有利于对用户进行分类，让主播根据用户群体来推荐产品。图1-8所示为服装主播推荐与其年龄层相贴近的产品。

（2）喜好

喜好这个标准的评判方法很简单，就是主播要真心喜欢直播中的产品。主播对产品的喜欢，是会自然而然地表现在面部表情和肢体行为上面的，而屏幕前的用户在观看直播的过程中，能够明显察觉到。

如果主播自己都不喜欢自己推荐的产品，就很难引导用户去购买，这样对于产品的转化率来说是不利的。

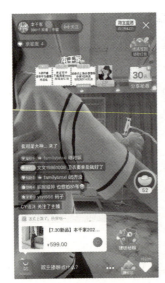

图 1-8　服装主播推荐与其年龄层相贴近的产品

（3）专业度

主播自身的专业度也会影响产品的转化率。以服装直播销售为例，主播要掌握一些基础的服装知识，同时积极了解产品的信息，这样才能游刃有余地回答用户的各种问题。

对于商家提供的产品，主播更需要了解产品的功能和价格卖点。功能卖点是这件产品的优势和特点，价格卖点涵盖了产品的营销策略和价格优势等。了解并分析得出产品的两大卖点，可以让直播内容更加吸引和打动用户，这样可以大大提高产品的转化率。

（4）直播形式

直播的形式主要分为两种，如图1-9所示。

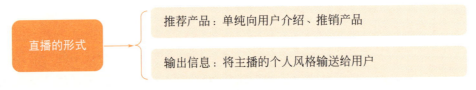

图 1-9　直播的形式

直播的形式取决于主播是希望单纯推荐产品，还是想输出信息。选择直接推荐产品，可以提高产品的曝光率，这对于产品的转化是很有帮助的。如果选择输出信息，那么产品的转化率可能会比较低。

输出信息属于前期输出主播个人和直播间风格、建立自己直播特征的过程。输出信息的过程是缓慢的，但是可以提高自己的曝光度，而且一旦后期反应不错，还可以让主播的直播拥有不错的竞争力。

2.如何判断自己的带货能力

当大家正式进入直播销售行业，成为一名主播时，一个非常关键的问题就出来了——如何判断自己的带货能力。

带货能力的高低直接关系到直播的销售额多少，以及主播在平台的发展强弱、商业价值的高低等。这也是所有商家和直播平台都关心和重视的内容。

对于商家来说，选择某主播负责自家产品的推广、销售活动时，该主播的带货能力显得格外重要，因为这直接关系到和主播合作的费用问题，以及产品最终的销售情况。对于直播平台来说，带货能力强的主播可以有效提高用户对直播的关注度，平台也会格外重视主播的带货能力。

基于这种情况，新主播如何判断自己的带货能力呢？可以从两个方面来分析。一是可以查看直播间里产品的销售情况；二是可以根据直播间各项数据进行合理分析。

产品的销售情况是判断主播带货能力的一个直接依据，许多商家都会据此判断主播的带货能力。产品的销售情况一般取决于两种因素，如图1-10所示。

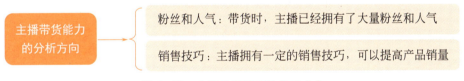

图1-10　主播带货能力的分析方向

以销量情况来判断主播的带货能力是不可取的，因为一个主播的带货能力还和很多其他因素有关，如图1-11所示。

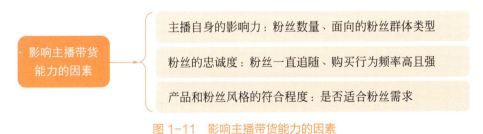

图1-11　影响主播带货能力的因素

主播在分析自己的带货能力时，可以针对上述因素，根据自身的实际情况来判断。而在向其他主播学习时，主播可以通过两个关键点判断对方的带货能力，如图1-12所示。

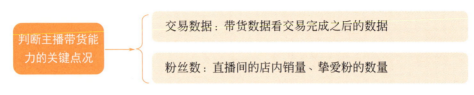

图 1-12　判断主播带货能力的关键点

1.2.2　主播打造：新主播如何向顶级迈进

在正式成为主播后，如何快速成长起来，是很多新主播关注的重点。在直播行业中，有太多的人怀着试一试的心理，加入到直播行业中。

这些新主播，在看到那些顶级主播超高的成交额之后，总会跟着激动，要么觉得这遥不可及，要么幻想自己立马也可以成为这种顶级主播，这两种心理都是可以理解的。

但是要成为顶级主播，并不是一件容易的事。对于新主播来说，直播行业是一个有着太多不稳定因素的行业，而当下应该重视的，是了解直播的基本流程，学习成功的直播方法，并学会将自己的劣势转变为优势。

1.掌握直播流程，加快主播打造进程

主播并非单纯在屏幕前进行直播就可以了，这只是展现在屏幕前的工作，真实的情况是，从进入直播行业开始，就需要一步一步扎实地打好基础。

为了帮助大家更好地了解直播的流程和步骤，下文将从直播的几个阶段来介绍新主播在直播各个阶段的工作内容，以及需要掌握的技能。

（1）开播之前：选择专业，清晰定位

现在很多主播从事直播，大多是选择自己较擅长的专业或者喜欢的领域，这样主播可以更加从容。

对于直播销售来说，最终还是需要用户下单来达成销售目的的。但是要想让用户愿意花钱买单，是需要一定销售技巧的。其中，比较基础的就是，主播自己对产品有专业的认知，从而让用户对主播产生信任感。当然，更重要的是产品的品质可以让用户愿意再次购买。

除了选择专业之外,主播还需要对自己的定位有一个清晰的认识。主播在一定程度上和偶像一样,也会拥有自己的人设,可以是可爱的萌系主播,也可以是帅气的御姐型主播。人设可以让主播在茫茫人海中脱颖而出,变得更加有识别度。

在直播行业中,主播的数量和类型太多,想让用户记住你,不能只在外表上下功夫。这个世界上好看的人太多,而真正能让用户追随的人却不多。

作为一名主播,重要的是让用户在看到某个关键词的时候,第一个想到的就是你。就像现在大家想在直播中了解"口红"的相关内容时,一般人第一个想起的主播就是有着"口红王子"之称的李佳琦。

(2)试播阶段:选择机构,培养技能

在这个阶段,主播首先要做的就是认真挑选直播机构。在直播机构看来,投入的成本可以快速得到回报才是关键,但是新主播很难在短时间内就获得流量,给机构带来效益。鉴于这种情况,机构为了降低成本,只好尽可能地压缩新主播前期的投入。

而新主播在进入直播行业的前期恰恰是非常需要运营和关注的,在得不到关注和重视的情况下,主播遇到问题和疑问时,也只能选择自己一步一步摸索,并慢慢进行调整。这样太耗费精力和时间,影响主播孵化成功的进度,也在一定程度上浪费了主播的宝贵时间,耽误了直播进程。为了避免出现这种情况,机构和主播可以从以下两个方向来做出改变,节约彼此的时间,从而提高孵化成功的概率,如图1-13所示。

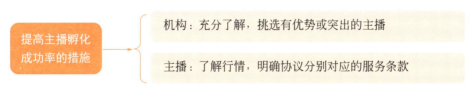

图1-13 提高主播孵化成功率的措施

另外,在正式步入直播行业后,主播应该主动去了解、学习直播知识,在初期尽可能地汲取专业知识。就像从事其他工作一样,要经过一段实习期,只有表现不错的员工才可以转正。

当主播也是如此,主播不是一个可以随便对待的自由工作,不管是想吸粉,扩大自身的影响力，还是想通过直播销售获得收入，都需要认真地去学习直播知识，从而提高实战能力。

具体来说，试播阶段主播可以通过两种渠道去学习和累计自身的直播经验，如图1-14所示。

图1-14　主播在试播阶段的两种学习渠道

（3）运营阶段：保持势头，承接流量

新主播在刚进行直播的第一周左右，是很难获得高流量的，基于这个原因，机构不能从流量多少这一点上，来判断主播的直播水平。但是，机构可以重点考察用户在直播间的停留时间长短和"路转粉"的比例，如果这两个数据都不错，那么下一周主播的数据基本上就会呈现上升趋势。

为了从一开始就把这两个数据做好，机构和个人需要在直播脚本上下一定的功夫，规划主播每天的任务流程，以及具体的内容安排。

在直播的前面几天，主播可以不考虑安排产品，专注于树立和强化人设。到后面几天，再开始介绍并推荐一些产品。注意，产品数量要和直播时长、带货强度保持一致，并且呈现同时上涨的趋势。

如果第一周的数据不错的话，第二周的数据通常会上升。第一周在平台上的表现相当于为下一周获得流量做一个铺垫。第一周属于获得流量的过程，第二周相当于承接上周的流量分配。

这个时候，主播需要做的就是维持之前的直播风格，不要去尝试改变，寻求所谓的突破，整个直播风格要保持一个稳定的状态。只要好好吸收、消化流量，完美地承受住这些流量的注入，主播和直播间在平台上面的印象分数就会提高，之后在流量分配上自然也会多一些，这对于后期主播的成长是非常有帮助的。

（4）起飞阶段：持续改进，优化细节

这个阶段，直播间的数据会出现明显的变化，变化的结果分为两种，即变好或者变坏。如果数据一直都呈现逐步上升趋势，那么就可以表示，主播孵化成功，可以进行下一步计划；如果直播间数据没有提高反而下降，那么主播和机构就需要重新制订孵化计划，同时要有一定的心理准备，保持好心态，做好打长期战的准备。

如果孵化成功，主播和机构接下来要做的就是优化直播间的细节。例如，主播可以根据当天的直播内容来添加一些信息，用来突出直播间的风格，起到吸引潜在用户的作用。除此之外，主播还可以在直播间的背景、灯光、饰品和摆设等细节上进行一定的优化，对直播间起到锦上添花的作用，提高直播间的视觉效果。

2.成功方法多样，适当拓展专业方向

不管从事什么工作，全能型的人才总是更有发展机会和发展空间。在直播行业中也是如此，如果可以成为一个全能型的主播，在直播行业里肯定有更大的成长空间。但是成为全能型主播却不是一件易事，因为这需要全方面的培养，投入的各项成本通常会比较多。

主播在直播的前期阶段，主要是做好积累和沉淀，建议一步一步慢慢来，打好根基，专注于某个具体的方向。至于一些在直播行业里已经直播很久，却始终没有很大进展的主播，则可以考虑拓展一下其他的渠道。但是切记，不管什么行业，都需要往专业的方向去努力，才能有所发展和成就。

3.改变策略，劣势也可以变为优势

并不是每个主播都拥有良好的先天条件，当主播在某方面存在劣势时，需要懂得将自己的劣势转变为优势。

例如，从事服装直播销售的主播，并非都拥有完美的身材和外貌，但却能拥有一大批粉丝，这主要是因为这些主播懂得将自己的劣势转变为优势。

虽然与颜值主播相比，这些主播的身材和外貌存在劣势，但是，现实生活中大部分人的身材和外貌都不是非常出众，所以，如果这些主播试穿服装的效果比较好，也就具有了说服力。主播不出众的身材和外貌便变成了优势。

再如，有些胖的主播可以重点进行大码服装的销售，因为自身比较胖，所以如果穿上服装之后显瘦效果比较好，那么，相似身材的用户看到后，会更愿意购买主播推荐的产品。

1.2.3 自我充实：能力、性格全方位塑造

每一个新主播都希望可以早日成为一个大主播，但是成为大主播并不容易，它需要付出一定的时间和努力，通过不断学习来提升自己的主播知识，以及不断地提升、改善自己的直播风格，了解用户喜欢的风格。本小节主要介绍培养主播专业能力与树立主播专业形象的相关知识。

1. 培养主播的专业能力

在直播过程中，主播应该学会用自己的专业能力去赢得用户的信赖。以服装类直播为例，由于大部分人很难得到服装搭配的建议，这个时候服装销售主播的专业性就很重要了。主播要根据不同用户的特征，来为他们提供穿搭技巧，如根据用户的体型进行针对性的推荐，甚至可以尝试在直播中讲授一些知识点，来展示自身的专业性。例如，如何根据自己的体型进行服饰搭配，怎样利用服装来修饰自己的不足之处等。

2. 树立主播的专业形象

主播要想长久地走下去，成为一个专业的直播销售主播，还得学会从3个方面树立专业的直播形象，具体如下。

（1）展现个性的才艺

主播最好可以拥有一项才艺或者爱好，只要是积极向上的都可以，慢慢地一步一步来培养提高，就能具备竞争力。

（2）具有正确的三观

主播在某种程度上来说是一个意见领袖，如果要想获得用户的追随和认可，需要有正确、清晰的三观，尤其在现在这样一个日新月异的时代，发表言论时需要非常谨慎。

（3）学会挖掘痛点

要想成为大主播，必须学会挖掘痛点。拥有可以展现个性的才艺、正确的三观，只是成为一名合格主播的基本条件，想要成为一名有知名度、有发言权和影响力的主播，学会挖掘用户的痛点，才是关键。

1.3 人设魅力：让主播更有记忆点和话题性

每天都有无数的主播加入直播行业，用户在直播网站中可以看见各种风格的主播。也正是因为如此，要成为一名有识别度、有知名度的主播，也变得越来越难了。

本节将通过对人设的相关内容进行讲解，帮助主播利用人设来增加个人魅力，从而增加直播的记忆点和话题性，让主播的直播之路更加顺利。

1.3.1 抓心人设：迈向成功第一步

人设，是人物设定的简称，就是对人物形象的设定。人设一词最开始是出现在动漫、漫画和影视中的专业术语，主要是指给特定的对象设定其人物性格、外在形象和造型特征等。

现在，人设这个词开始不断地出现在公众视线中，它也成为人际交往中一直被提及的一个概念。在日常生活中，人设的传播效果能够在一定程度上影响现实中的人际交往关系。

人设经营以及对人设崩塌的应对，开始成为我们人际交往中必须要思考的问题。现在，人设的用途有了更广的范围，它不再只是单纯地用在动漫、漫画上面，已出现在现实生活中的方方面面。

人设的作用和功能也开始显现，在娱乐圈中，人设已经是一种常见的包装、营销手段，许多艺人都贴上某一种或多种人设标签。例如，林志玲的"高情商""温柔"人设；刘宪华的"音乐天才"人设等。

那些和实际情况相符的人设，让艺人更具有识别度和认知度，能够不断地加深形象风格，扩大影响力。当然，演艺圈里的艺人更多的还是根据观众和粉丝的需要，主动去贴合其喜好，从而创造出某种人设。这是因为艺人可以通过创造人设，丰富自己的形象，让观众对其产生深刻的印象，从而保证自己拥有一定的流量。

而主播在某种程度上也和明星艺人有着一些相似之处，他们都是粉丝簇拥的公众人物,都需要粉丝的关注和追随,以便更好地展现出形象,增强影响力。

这也表明,想要在直播行业中发展得更好,主播也是需要树立自己的人设的。因为只有通过准确地塑造人物设定,才能让用户来发现、了解你,让你从众多主播中脱颖而出。

和那些有自己的人设标签的主播相比,没有树立起鲜明人物形象的主播就会显得缺乏记忆点。这就是为什么在直播间里,能创造出高销售额的主播不止一个,但是大家能说出名字的,却往往只有几个。

人设的力量是无穷的,人设的影响力也是无形的。主播要明白,树立好自己的人设,在后续的吸粉、引流中起着重要作用。只有学会运用人设去抓住用户的目光,让用户对你的直播感兴趣,才能更好地在直播的道路上迈向成功。

1.3.2 了解人设:定制个人标签

在日常生活和人际交往中,人设已经渗入到每一个人的行为举止中,只是普通人的人设类型比较接地气,更具大众性,但是,即便如此也能突出自己的特点,形成自己的特色,从而形成自己的标签,获得他人的关注。

例如,有人想体现出自己好学的一面,便会有意无意地向周围人透漏自己最近在看书,或者把自己在看书的照片发布到社交软件上,从而让他人觉得"他真的很好学"。

通过这种方式在他人心中留下了印象,就可以说明此人是在树立自己的人设。在树立人设的过程中,需要通过日常生活中的各种行为,不断地加强人设,以此增强自己的魅力。

同时,人设的树立,对于提高、加深自身形象的好感度、认知度起着非常重要的作用。对角色进行人物的设定,可以使得形象更加鲜明、有特色。

美国社会学家E.戈夫曼曾经说过:"在若干人相聚的场合,人的身体并不仅仅是物理意义上的工具,而是能作为传播媒体发挥作用。"

我们都知道,如果某人喜欢说话,并且热衷于谈话艺术,只要他适当地展现出来,进行一点点的自我宣传与传播,那么他的形象就会被人冠以"能言善道"等人设标签。

相反,如果某人既不重视谈话技巧,也不重视外在形象,那么在与人交流沟通的时候,也会得到标签,只不过是负面的。当然,这也算是完成了自己人设的塑造，只是塑造的人设不见得被大多数人喜欢。

由此可知，在当今社会中，人设就是个人的标签，主播完全可以创造出自己的人设，打造自己的特色。在很多时候，人物可以塑造人设，而人设也可以成就人物。因此，主播需要了解人设的相关内容，更好地塑造自己的人设。

1. 人设的作用

通过设定好的人物性格、特征，也就是"卖人设"，可以迅速吸引更多的潜在用户关注你。毕竟粉丝就是经济力，通过塑造出迎合大众的人设，把自己的人设形象维持住，就能带来一定的收益。

就像在娱乐圈中，明星艺人没有自己的人设，是很难在圈子里游走的。几乎所有明星艺人都在积极地塑造自己的人设，当大家提到某一个明星的时候，总会在脑海里出现其对应的人设标签。

甚至越来越多的企业也开始不断地树立、巩固和加强自身的形象，给品牌贴上标签，这不仅仅使品牌的知名度大幅度增长，勾起无数用户的购买欲望，并且还能让用户自发地去对品牌进行二次传播和推广。

例如，小米的"高性价比"标签、江小白的"文艺青年江小白"标签，都吸引了许多用户的关注，而其对应的品牌也获得了快速传播。

明星艺人和企业之所以要打造人设和标签，就是希望观众和用户可以对他们或他们的产品产生更具体的印象，以此获得更多的关注度。

总而言之，不管是人物的人设，还是品牌的人设（品牌的标签），其打造的原因和目的都是一样的。对于主播来说也是如此，拥有鲜明的人设，就可以更好地展示个人形象。

2. 人设的经营

对于主播来说，不仅仅要确定自己的人设，更要学会经营，这样才可以保证自身树立的人设能够得到广泛的传播，达到自己想要的效果。

"人设"的经营是一件需要用心去做的事情，只有这样才能成功树立起来。具体来说，主播可以从4个方面做好人设的经营，具体如下。

（1）选择符合本身性格、气质的人设

主播应该根据自己的实际情况来挑选和塑造人设，这样才能起到较好的传播效果。如果人设和自身的真实性格差别较大，很容易导致传播效果出现偏离，甚至出现人设崩塌。

（2）根据自身人设采取实际行动

实际行动永远比口头上说一百次的效果有力得多，主播向外界树立起自己的人设后，要采取实际行动，这样才会获得用户的信任，这也是人设经营中的基础和关键之处。

（3）根据他人的反馈及时调整

人设传播的直接体现就在于他人对于某人设的反馈情况。所以主播可以了解身边的工作人员和朋友对自身"人设"的反应。这样就可以及时对自身人设进行一些合理的改进和调整，尤其是可以及时更新人设形象，使它更加符合用户想看到的模样。

（4）开发、树立多方面的人设

单一的人设虽然安全，在经营上也比较轻松，但是可能会使得人物形象过于单调、片面。毕竟人的性格本身就是多样化的，开发、树立多面的人物设定，可以让人物的形象更加饱满，更有真实感。

此外，不同的人设可以吸引到不同属性的用户，也可以满足用户的好奇心和探究欲，让他们更加想了解你。

这种多方面的人物设定，有利于增加自身形象的深度，也能维护粉丝对自己形象的新鲜感。例如，两种反差设定可以使人物形象更加丰富、立体，从而使自己的形象更加出色。

但是，需要注意的是，主播在树立多种人设形象时，风格、类型不要相差太大，否则就会显得自相矛盾，不真实。

3.人设的影响

第一印象，这个词大家都不陌生，大家常常会说起的话就是：当时对某某的第一印象怎么样，后来发现怎么样。像一些成语里的"第一印象"，就起着关键作用，如"一见如故""一见钟情"，它们都是在"第一印象"的作用下产生的一系列行为和心理反应。

在人设运营中，"第一印象"也非常重要。下文将介绍一下关于"第一印象"的知识，从而帮助主播树立起良好的个人形象。

第一印象是光圈效应的铺垫，同时也是运营人设过程中的一个重要环节。第一印象是能够人为经营和设计的。这表示，主播可以通过人为制定自己的内外形象、风格，重新改变自己给他人的第一印象，从而塑造出成功的"人设"形象。

第一印象对于之后在人际交流中获得的信息有着一定的固定作用。这是因为人们总是愿意以第一印象作为基础去看待、判断之后接受的一系列信息，这种行为会让人产生固定印象。

例如，赵雅芝在电视剧里的白娘子角色，在很多人心里，她永远都是温柔、典雅、善良的形象；通过《还珠格格》一炮而红的演员，即便是到现在，大部分人对于他们的形象，都还保持着固定的感受和记忆。

1.3.3 独特人设：定义全新形象

大众对于陌生人的初次印象往往是不够突出和具体的，而且还存在一定的差异性，基本处于一个模糊的状态。

其实，个人所表现出的形象、气质，完全可以通过人设的经营来改变。例如，主播可以通过改变发型，塑造出和原先不同的视觉效果，使用户对你的形象产生新的记忆，从而更好地进行人设的调整。

在人际交往中，有的人利用主观和客观的信息来塑造人设，从而达到预期的传播效果。人设经营，可以说是在他人看法、态度和意见的总结之上不断调整和改进的。

学会打造出独特的人设，可以使主播拥有与众不同的新颖点，在人群中脱颖而出。此外，对外输出效果的好坏，会直接决定人设经营是否成功。下面就来介绍打造独特人设的基本方法。

1. 确定类型：选择合适的人设

确定自己的人设类型是否合适，关键考虑的是是否满足了自身所面向的用户的需求，因为人设塑造的直接目的就是吸引目标用户的关注。

人设可以迎合用户的移情心理，从而增强目标用户对人设的认同感，这样才可以让用户愿意去了解、关注主播。所以，在人设塑造过程中，确定好人设的类型是关键。对于主播来说，确定合适的人设可以快速引起用户的兴趣，刺激用户持续关注直播内容。

需要格外注意的是，主播在塑造自己的人设时，要以自身的性格为核心，再向四周深化，这样便于之后的经营，同时也能增加用户对于人设的信任度。确定好人设类型后，可以进一步考虑自己的人设是否足够独特。

对于想从事直播销售的新主播来说，前面已经有一批成熟的销售主播，这时想要从中脱颖而出，是需要耗费一定的精力和时间的。

对此，主播可以考虑在那些还没有人使用的人设类型里找到适合自己的人设标签，继而创造出独一无二的人设。虽然有点难，但是对于新主播来说，完全可以利用这个鲜明独特的人设，树立起自己的形象。

2. 设定标签：增加直播搜索度

一个人一旦有了一定的影响力就会被所关注的人贴上一些标签，这些标签可以组合成一个虚拟的"人"。当提到某个标签时，许多人并非只是想到一个单纯的名字，而是某人带给他的印象或标签，比如严谨、活泼、可爱和高冷等。

主播也可以试着把这些人设标签体现在账号名称和直播标题中。一旦有人在直播搜索栏中搜索相关的标签，都有可能搜索到自己。图1-15所示为在"淘宝直播"中搜索"可爱""高冷"的结果。

图 1-15　在"淘宝直播"中搜索"可爱""高冷"的结果

3. 对标红人：找到精准的人设

人格魅力的产生，很大程度上源于用户对主播的外貌、穿衣打扮的一个固有形象的印象，以及主播在直播间的表现。一个精准的主播人设，可以拓展直播的受众面，吸引到感兴趣的用户。

精准的人设，就是说到某一行业或内容时，用户就能想到具体的人物。而主播要做的就是在学习他人成功经验的基础上，树立自己的精准人设，让自己成为这类人设标签里的红人。

例如，一个男主播要想成为口红带货的顶级主播，可以先参照"口红一哥"李佳琦的成功经验，并在直播中树立起自己的独特人设（如站在用户的角度思考问题，只为用户推荐高性价比口红），通过持续直播让自己慢慢成为口红直播行业中的红人。

1.3.4 人设标签：运用差异化策略

树立人设的一个关键就是让主播可以和其他主播区分开来，所以当主播在选择自己的人设时，必须要和其他主播的人设区分开来。为了避免出现同年龄、同类型的主播人数太多，而无法有效地突出自己，主播在选择人设形象时，要选择便于用户搜索和区分的。

主播的人设类型具有多样性，许多主播正是通过细分人设这种方式，去减轻与其他主播的竞争力度的。对于主播来说，人设就代表着自身的形象魅力和特色。主播只要把设定的形象不断地进行展示和强化，自然就可以给用户留下深刻的印象，所以塑造人设的基本策略就是差异化。

下面介绍几种主播人设类型，帮助大家了解不同人设的特点、风格，从而更好地寻找有特色的人设标签。

1. 人美声甜的"邻家小妹"

这种人设的主播一般外形可爱、声音好听，给人一种活泼可爱的感觉。如果主播以这种人设进行男装直播销售，会更加引起用户的关注。

这类主播在塑造自己的人设时，大致有两种表现方法，一种是通过发型、饰品上的修饰来巩固自己的人设类型，例如简单地利用草帽、发带这些饰品来体现自身的人设风格；另一种是只需简单的马尾或丸子头就可以体现出自身的人设形象。

2. 形象和外表反差的"男友"

这种人设表现为外表是美丽的女性，而所表现出来的肢体语言却是非常地简洁、帅气，有"男友"风格，这类主播在直播间的整个风格就比较干练、中性。

这种具有反差性的人设，不仅能吸引男性用户的关注，还能吸引女性用户的追随，满足她们希望被人保护的心理。

3.专业暖心的"大姐姐"

这种人设的主播通常都具有一定的专业性，能够给观看直播的用户一些有用的建议。同时，她们往往会从为用户考虑的角度进行产品的推荐，让人觉得主播是一个暖心的"大姐姐"。

观看直播的用户中有80%以上都是女性，因此，主播要学会抓住女性的兴趣和目光，获得她们的信任以及追随。这种拥有大量时间去观看直播的女性用户，不仅拥有强烈的购买需求，而且具备一定的购买能力。观看直播的女性一般可以分为两大群体，如图1-16所示。

图1-16 观看直播的女性用户类型

这两类人群都对于技巧类的直播内容非常渴望，她们希望遇到一个专业的人来带领她们。而专业暖心的"大姐姐"人设，就可以很好地解决这个问题，满足她们的心理需求，让她们可以放心购买产品。

第2章
文案：套用爆款文案写作公式

学前提示

无论是在短视频中，还是在直播中，文案都是一个重要的组成部分。如果运营者写的文案足够吸睛，就能吸引更多用户观看短视频或直播，甚至可以直接吸引用户下单购买产品。

这一章从脚本策划、爆款标题、吸睛内容和语言能力4个方面，为大家打造可以直接套用的爆款文案写作公式。

2.1 脚本策划：做好各方面的规划

在正式打造短视频或进行直播之前，我们需要策划脚本，做好各方面的策划。策划脚本有3个目的，如图2-1所示。

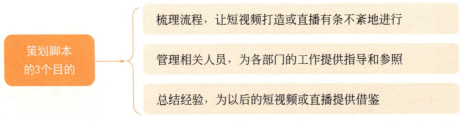

图 2-1　策划脚本的 3 个目的

了解了策划脚本的3个目的之后，再来看一下策划脚本的意义和作用，具体如图2-2所示。

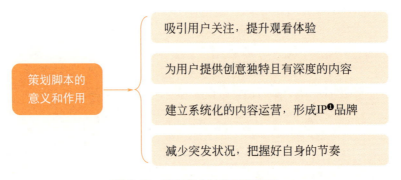

图 2-2　策划脚本的意义和作用

2.1.1　大纲：规划方案

大纲一般包含9个模块，即目标、类型、简介（主要内容）、人员安排、时间、主题、流程细节、推广分享以及总结。具体内容如下。

---

❶ IP，Intellectual Property，可理解为知识产权。

（1）目标

在策划脚本时，运营者和主播要明确自己的目标，这个目标要尽可能的具体量化，只有这样你才会有方向和动力。比如，可以确定观看人数、转化率和成交额等。

（2）类型

除了目标之外，在脚本大纲中还要确定短视频或直播的类型。这个可以根据自己的爱好或者特长来选择适合的分类。类型的确定实际上就是锁定目标用户群体，从而更好地形成自己的风格和特色。

（3）简介

简介就是对核心内容进行提炼和概括，让用户一眼就能明白短视频或直播的大概内容。

（4）人员安排

一个人要想完成短视频的拍摄或直播是比较困难的，所以这时候就需要组建专门的运营团队，安排人员来协助完成各项工作，这样能集众人的力量，把短视频或直播做得更好。

（5）时间

在做脚本大纲时需要重点考虑好时间。

短视频的时间选择，需要根据相关人员的时间安排来定。只有在相关人员都有时间的情况下，才能快速完成短视频内容的制作。

直播时间的确定则需要迎合目标用户的生活习惯和需求，从而让更多人看到你的直播。例如，周一至周五这段时间绝大部分人白天都在工作或者读书，所以选择在晚上进行直播通常可以获得更多流量；而星期六或星期天大部分人都在休息，所以在下午或者晚上进行直播比较合适。

确定好时间之后一定要严格执行，尽量使每个时间段要做的事固定下来，这样能够将策划好的脚本内容落到实处，提高工作效率。

（6）主题

主题本质上就是告诉用户做短视频或直播的目的是什么，明确主题能够保证内容的方向不会跑偏。主题可以从不同角度来确定，比如产品的效果展示、功能特色、优惠福利或者方法技巧教程等，需要注意的是，主题必须足够清晰，让人一看就能明白。

（7）流程细节

流程细节就是指所有的步骤环节都有对应的细节和时间节点可以把控。

（8）推广分享

无论是短视频还是直播，推广分享是必不可少的。通过推广分享，可以吸引更多用户观看短视频或直播，从而有效地提高热度。

（9）总结

短视频制作完成或直播结束之后，要对整个过程进行回顾，总结经验和教训，发现其中存在的问题和不足，对于一些好的方法和措施要保留和继承，以便不断地完善和改进工作。

2.1.2 脚本：案例展示

前面提到了短视频和直播内容的流程细节，那么，一个完整的脚本策划究竟包括哪些环节和步骤呢？下面以淘宝直播为例，介绍直播带货的脚本策划模板，帮助大家写好直播脚本。

1.直播主题

直播的主题即直播间的标题。某直播的主题为"微胖妹妹夏季显瘦穿搭"，因此，该运营者和主播直接将该主题作为直播的标题。

2.主播及介绍

这场直播中主播的身份是品牌主理人、时尚博主和模特。

3.直播时间

2020年7月30日14点到18点。

4.内容流程

一共分为12个环节步骤，具体内容如下。

（1）前期准备

前期准备工作包括直播宣传、目标明确、人员分工、设备检查和产品梳理等。

（2）开场预热

14:00～14:15　先与前来的用户适度互动，并进行自我介绍等。

（3）品牌介绍

14:15～14:30　强调关注品牌店铺、预约店铺。

（4）直播活动介绍

14:30～15:00　直播福利、简介流程和诱惑性引导。

（5）产品讲解

15:00～16:00　从外到内，从宏观到微观，语言生动真实。

（6）产品测评

16:00～16:30　从顾客的角度360度全方位体验产品。

（7）产品性观众互动

16:30～17:00　为用户进行案例讲解、故事分享和疑问解答等。

（8）试用分享、全方位分析

17:00～17:15　客观性，有利有弊，切忌夸夸其谈。

（9）抽取奖品

17:15～17:30　抽奖互动，穿插用户问答。

（10）活动总结

17:30～17:45　再次强调品牌、活动以及自我调性。

（11）结束语

17:45～18:00　准备下播，引导关注，预告下次内容和开播时间。

（12）复盘

对整个过程及时进行复盘，发现问题，调整脚本和优化不足等。

以上就是某淘宝直播脚本策划的整个流程。运营者和主播要制定一份详细、清晰和可执行的脚本，还要考虑各种突发状况的应对方案，这样才能更好地保证直播的顺畅进行。

需要注意的是，直播脚本的内容并不是一成不变的，只有不断地优化和调整，才能更加游刃有余。一份出色的脚本是直播取得不错效果的必要条件，可以让直播有质的提升和飞跃。

2.2 爆款标题：勾起用户的兴趣

许多用户在看一个短视频或直播时，首先注意到的可能就是它的标题。因此，一个标题的好坏，将对短视频或直播的相关数据造成很大的影响。那么，如何撰写爆款标题，勾起用户的兴趣呢？这一节就来介绍具体的方法。

2.2.1 常见方法：标题应该这样来写

优秀的标题能吸引用户点进去查看内容，让短视频或直播上热门。因此，拟写标题就显得十分重要了。那么，优质的标题要怎么写呢？

1.掌握拟写标题的原则

评判一个标题的好坏，不仅要看它是否有吸引力，还需要参照其他的一些原则。在遵循这些原则的基础上撰写的标题，能让你的短视频或直播更容易上热门。这些原则具体如下。

（1）换位原则

运营者在拟定短视频或直播文案标题时，不能只站在自己的角度去想，而要站在用户的角度去思考。也就是说，应该将自己当成用户，如果你想知道这个问题，你会用什么词去搜索呢？这样写出来的标题会更接近用户的心理。

运营者在拟写标题前，可以先将有关的关键词输入浏览器中进行搜索，然后从排名靠前的文案中找出它们的规律，再将这些规律用于自己要撰写的标题中。

（2）新颖原则

运营者如果想让自己的标题形式变得新颖，可以采用多种方法。在这里介绍几种比较实用的标题形式。

● 标题写作要尽量使用问句，这样能引起人们的好奇心，比如，"谁来'拯救'缺失的牙齿？"更易吸引用户的注意力。

- 标题要尽量写得详细、细致，这样才会有吸引力。
- 要尽量将可以获得的利益写出来，无论是查看短视频或直播后所带来的利益，还是短视频或直播中涉及的产品或服务所带来的利益，都应该在标题中直接告诉用户，从而增加对用户的影响力。

（3）关键词组合原则

通过观察可以发现，能获得高流量的标题，都是将多个关键词进行组合。只有单个关键词的标题，它的排名影响力远不如多个关键词的标题。

例如，仅在标题中嵌入"面膜"这一个关键词，那么，用户在搜索时，只有输入"面膜"，短视频或直播才会被搜索出来。而标题如果含有"面膜""变美""年轻"等多个关键词，那么用户在输入其中任意关键词的时候，短视频或直播都会被搜索出来。

2.借助词根增加曝光

在进行标题撰写的时候，运营者需要充分考虑怎样去吸引目标用户的关注。要实现这一目标，就需要从关键词着手。而要在标题中运用关键词，就需要考虑关键词是否含有词根。

词根指的是词语的组成根本，有词根我们就可以组成不同的词。运营者在标题中加入有词根的关键词，才能将内容的搜索度提高。

例如，某短视频标题为"十分钟教你快速学会手机摄影"，"手机摄影"就是关键词，而"摄影"就是词根。根据词根我们可以写出更多的与摄影相关的标题。用户一般会根据词根去搜索，只要你的短视频标题中包含了该词根，就容易被用户搜索到。

3.体现内容的主旨

俗话说："题好一半文。"写好的标题就等于内容成功了一半。衡量标题好坏的方法有很多，而标题是否体现内容的主旨就是衡量标题好坏的一个主要参考依据。

如果一个标题不能做到用户看见它第一眼时就看懂它想要表达的是什么，那么该标题就是不合格的。标题是否体现主旨？将会造成什么样的结果呢？具体分析如图2-3所示。

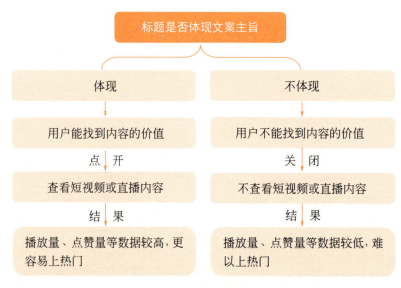

图 2-3 标题是否体现文案主旨

大家可以直观地看出,标题是否体现内容主旨会直接影响短视频或直播的营销效果。所以,运营者想要让自己的短视频或直播上热门,在撰写标题的时候一定要多注意是否体现了主旨。

2.2.2 吸睛标题:10种常见制作套路

在短视频或直播内容的运营过程中,标题的重要性不言而喻,那有没有什么方法可以快速制作出吸睛标题呢?接下来就介绍10种常见套路。

1. 福利发送

福利发送型标题是指标题带有与"福利"相关的字眼,传递一种"这个短视频或直播就是来送福利的"的感觉,让用户自然而然地想要查看短视频或直播内容。福利发送型标题准确把握了用户想要获得好处的心理需求,让用户一看到"福利"的相关字眼就觉得有利可图,从而会忍不住想要了解短视频或直播的内容。

福利发送型标题的表达方法有两种,一种是直接型,另一种则是间接型,相关分析如图2-4所示。虽然具体方式不同,但是效果相差无几。

值得注意的是,在撰写福利发送型标题时,无论是直接型,还是间接型,都应该掌握3个技巧,如图2-5所示。

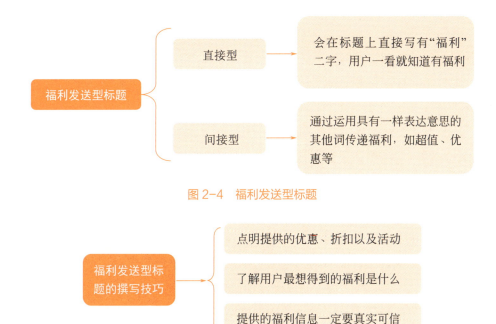

图 2-4　福利发送型标题

图 2-5　福利发送型标题的撰写技巧

福利发送型标题有直接福利型和间接福利型两种不同的表达方式，不同的标题类型有不同的特色。接下来看看这两种福利发送型标题的具体案例，如图2-6、图2-7所示。

图 2-6　直接福利型标题

图 2-7　间接福利型标题

这两种类型的福利发送型标题虽然稍有区别，但本质上都是通过"福利"来吸引用户的眼球，从而提升内容的点击率。福利发送型标题通常会给用户带来一种惊喜之感，试想，如果标题中或明或暗地指出含有福利，你难道不会心动吗？

福利发送型标题既可以吸引用户的注意力，又可以为用户带来实际的利益，可谓一举两得。当然，在撰写福利发送型标题时也要注意，不要因为侧重福利而偏离了主题，不要使用太长的标题，以免影响传播效果。

2.价值传达

价值传达型标题是指向用户传递一种查看了内容之后就可以掌握某些技巧或者知识的标题。这种类型的标题之所以能够引起用户的注意，是因为它抓住了人们想要从短视频或直播中获取实际利益的心理。

许多用户都是带着一定的目的刷短视频或看直播的，要么是希望其中含有福利，比如优惠、折扣；要么是希望能够学到一些有用的知识。因此，价值传达型标题的魅力是不可阻挡的。

在打造价值传达型标题的过程中，往往会碰到这样一些问题，比如"什么样的技巧才算有价值？""价值传达型标题应该具备哪些要素？"等。价值传达型标题的撰写技巧总结为3点，如图2-8所示。

图 2-8 撰写价值传达型标题的技巧

在撰写价值传达型标题时，不要提供虚假的信息，比如"一分钟一定能够学会××""3大秘诀包你××"等。价值传达型标题虽然需要添加夸张的成分，但要把握好度，要有底线和原则。

价值传达型标题通常会出现在技术分享类的短视频或直播之中，主要是为用户提供实际好用的知识和技巧。图2-9所示为价值传达型标题的典型案例。

图 2-9 价值传达型标题的案例

用户在看到这种类型标题之后，会更加有动力去查看短视频或直播的内容，因为此类标题会给人一种学习很简单，不用花费过多的时间和精力就能学会的印象。

3. 励志鼓舞

励志鼓舞型标题最为显著的特点就是"现身说法"，一般是通过第一人称的方式讲故事，故事的内容包罗万象，但总的来说离不开成功的方法、教训及经验等。

如今很多人都想致富，却苦于没有致富的定位，如果这个时候看励志鼓舞型标题，他们就很有可能对内容感到好奇，这种标题具有独特的吸引力。励志鼓舞型标题的模板主要有两种，如图 2-10 所示。

励志鼓舞型标题模板：

"_____是如何使我_____的"。例如，"一个简单的点子是如何使我快速成为公司经理的"

"我是如何_____的"。例如，"我是如何将一个问题企业变成个人财富的"

图 2-10 励志鼓舞型标题模板

励志鼓舞型标题的好处在于煽动性强,容易鼓舞人心,勾起用户的欲望,从而提升短视频或直播的点击率和转化率。

那么,打造励志鼓舞型标题是不是单单依靠模板就好了呢?答案是否定的。模板固然可以借鉴,但在实际的操作中,还要根据内容来研究。总的来说,打造励志鼓舞型标题有3种经验技巧可供借鉴,如图2-11所示。

```
                           ┌─ 改编励志的名人名言作为标题
打造励志鼓舞型标题          │
可借鉴的经验技巧      ──────┤─ 挑选富有煽动性、情感浓厚的词语
                           │
                           └─ 根据不同的情境打造不同特色的标题
```

图 2-11　打造励志鼓舞型标题可借鉴的经验技巧

一个成功的励志鼓舞型标题不仅能够带动用户的情绪,还能促使用户对短视频产生极大的兴趣。图2-12所示为励志鼓舞型标题的典型案例展示,都带有较强的励志情感。

图 2-12　励志鼓舞型标题的案例

4. 揭露解密

揭露解密型标题是指为用户揭露某件事物不为人知的秘密的一种标题。大

第 2 章
文案：套用爆款文案写作公式

部分人都会对揭露和解密产生好奇心，而这类标题则恰好可以抓住用户的好奇心，引起用户的注意。

运营者可以利用揭露解密型标题做一个长期的专题，从而达到一段时间内或者长期凝聚用户的目的。

这种类型的标题比较容易打造，只需把握3大要点即可，如图2-13所示。

打造揭露解密型标题的要点：
- 清楚表达事实真相是什么
- 突出展示真相的重要性
- 运用夸张、显眼的词语等

图 2-13　打造揭露解密型标题的要点

在撰写揭露解密型标题时，最好在标题中显示出冲突性和巨大的反差，这样可以有效吸引用户的注意力，使用户认识到短视频或直播内容的重要性，从而愿意主动点击查看内容。

图2-14所示为揭露解密型标题的案例。这两个标题都侧重于揭露事实真相，从标题上就做到了先发制人，能够有效吸引用户的目光。

图 2-14　揭露解密型标题的案例

035

5.悬念制造

好奇是人的天性，悬念制造型标题就是利用人的好奇心，通过留下悬念来进行标题的打造。标题中的悬念是一个引导用户查看内容的诱饵，因为大部分人看到标题里没被解答的疑问和悬念时，就会忍不住想弄清楚到底怎么回事。这就是悬念制造型标题的套路。

悬念制造型标题在日常生活中运用得非常广泛，也非常受欢迎。人们在看综艺节目的时候也会经常看到一些节目预告类广告，这些广告就会采取悬念型标题引起用户的兴趣，让用户对接下来的内容产生期待。利用悬念撰写标题的方法通常有4种，如图2-15所示。

图2-15 利用悬念撰写标题的常见方法

撰写悬念制造型标题的主要目的是增加短视频或直播的可看性，需要注意的一点是，使用这种类型的标题时，一定要确保内容确实能够让用户感到惊奇、充满悬念。不然就会引起用户的失望与不满，继而对你的内容，乃至账号失望。

悬念制造型标题是运营者比较青睐的标题形式之一，它的效果也是有目共睹的。如果不知道怎么取，这种标题是一个很不错的选择。

如果悬念制造型标题只是为了制造悬疑，那么一般只能够博取用户1～3次的眼球，很难保留长时间的效果。如果标题太无趣、无法达到引流的目的，那标题就是失败的，会导致文案营销难以取得预期的效果。因此，运营者和主播在设置悬疑时，需要非常慎重，有较强的逻辑性，切忌为了标题走钢索，忽略了营销的目的和内容本身的质量。

悬念制造型标题是运用得比较频繁的一种标题形式，很多短视频或直播中都会采用这一标题形式来引起用户的注意力，从而达到较为理想的营销效果和传播效果。图2-16所示为悬念制造型标题的典型案例。看到这两个标题之后，用户会想要知道到底是什么结果，万万没想到的是什么，这便很好地制造了悬念。

6.借势热点

借势热点是一种常用的标题制作手法，借势不仅完全是免费的，而且效果还很可观。借势热点型标题是指在标题上借助社会上一些事实热点、新闻的相关词来给短视频或直播造势，增加短视频或直播的点击量。

图 2-16 悬念制造型标题的案例

借势一般都是借助当前的热门事件吸引用户的眼球。一般来说，事实热点拥有一大批关注者，而且传播的范围也非常广，借助这些热点，短视频或直播标题和内容的曝光率会得到明显的提高。

那么，在打造借势热点型短视频标题的时候，应该掌握哪些技巧呢？可以从3个方面来努力，如图2-17所示。

打造借势热点型标题的技巧：
- 时刻保持对时事热点的关注
- 懂得把握标题借势的合适时机
- 将明星热门事件作为标题内容

图 2-17 打造借势热点型标题的技巧

例如，2020年7月电视剧《重启之极海听雷》热播，一时之间该剧受到了许多人的关注。于是一些运营者也借助该热点制作了标题，如图2-18所示。

在打造借势型标题的时候，要注意两个问题：一是带有负面影响的热点不要蹭，大方向要积极向上，充满正能量，带给用户正确的思想引导；二是需要在借势型标题中加入自己的想法和创意，然后将发布的内容与之相结合，做到借势和创意的完美同步。

图 2-18　借势热点型标题的案例

7.警示用户

警示用户型标题常常通过发人深省的内容和严肃深沉的语调给用户以强烈的心理暗示，给用户留下深刻印象。尤其是警示型的新闻标题，它常常被很多运营者所追捧和模仿。

警示用户型标题是一种有力量且严肃的标题，它通过警醒作用，来引起用户的高度注意。警示用户型标题通常会包含3种内容，即警示事物的主要特征、警示事物的重要功能和警示事物的核心作用。

很多人只知道警示用户型标题容易夺人眼球，但具体如何撰写却是一头雾水。在这里分享3点技巧，如图2-19所示。

运营者和主播在运用警示用户型标题时，需要注意运用得是否恰当，因为并不是所有内容都可以使用这种类型的标题。

> 第2章
> 文案：套用爆款文案写作公式

```
                      ┌─ 寻找目标用户的共同需求
打造警示用户型  ─┼─ 运用程度适中的警示词语
  标题的技巧      └─ 突出展示问题的紧急程度
```

图 2-19　打造警示用户型标题的技巧

　　这种标题形式运用得恰当，能为短视频或直播加分，起到其他标题无法替代的作用。运用不当的话，很容易让用户产生反感或引起一些麻烦。因此，运营者和主播在使用警示用户型标题的时候要谨慎小心，注意用词的恰当性，绝对不能不顾内容胡乱取标题。

　　警示用户型标题应用的场景很多，无论是技巧类的内容，还是供大众娱乐消遣的娱乐新闻，都可以用到这一类型的标题形式。图 2-20 所示为运用警示用户型标题的短视频案例。第一个短视频中的"注意"，能让用户一眼就锁定标题，从而对内容产生兴趣；第二个短视频中的"警惕"，则既起到了警示用户的作用，又吸引了用户的注意力。

 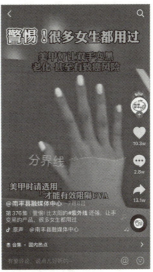

图 2-20　警示用户型标题的案例

　　选用警示用户型标题，可以起到提升用户关注度，大范围传播短视频或直播的作用。因为警示的方式往往更加醒目，触及用户的利益。本来不想看的用户为了让自己的利益不受损，也会点击查看。因为涉及自身利益的事情用户都是比较关心的。

8.紧急迫切

很多人或多或少都会有一点拖延症，总是需要在他人的催促下才愿意动手做一件事。紧急迫切型标题有一种类似于催促用户赶快查看短视频或直播的意味在里面，它能够给用户传递一种紧迫感。

紧急迫切型标题往往会让人产生现在不看就会错过什么的感觉，因此，很多用户看到这类标题时会立马查看短视频或直播。那么，这类标题具体应该如何打造呢？相关技巧总结为3点，如图2-21所示。

打造紧急迫切型标题的技巧：
- 在急迫之中结合用户的痛点和需求
- 突出显示文案内容需要阅读的紧迫性
- 加入"赶快行动、手慢无"等词语

图2-21 打造紧急迫切型标题的技巧

紧急迫切型标题能够促使用户赶快行动起来，而且也是切合用户利益的一种标题打造方法。图2-22所示为紧急迫切型标题的典型案例。

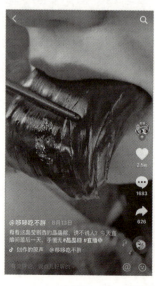 

图2-22 紧急迫切型标题的案例

9.独家分享

独家分享型标题,也就是从标题上体现运营者和主播提供的信息是特有的珍贵资源,让用户觉得值得点击和观看。从用户的心理方面而言,独家分享型标题所代表的内容一般会给人一种看了就能率先获知相关信息的感觉,更容易让用户获得心理上的满足。

独家分享型标题会给用户带来独一无二的荣誉感,同时还会使得短视频或直播的内容更加具有吸引力。那么在撰写这样的标题时,是直接点明"独家资源,走过路过不要错过",还是运用其他的方法来暗示用户这则内容是与众不同的呢?

在这里,提供3点技巧,帮助大家成功打造出夺人眼球的独家分享型标题,如图2-23所示。

```
                          ┌ 充分掌握用户的心理状态
打造独家分享型标题的技巧 ─┤ 从不同角度挖掘用户的痛点需求
                          └ 加入"独家""探秘"等字眼
```

图 2-23 打造独家分享型标题的技巧

使用独家分享型标题的好处在于可以吸引更多的用户,让用户觉得内容比较珍贵,从而帮你主动宣传和推广短视频或直播,让内容得到广泛的传播。图2-24所示为独家分享型标题的典型案例。

图 2-24 独家分享型标题的案例

独家分享型标题往往也暗示着内容的珍贵性，因此运营者和主播需要注意，必须保证内容独一无二，也就是要将独家性标题与独家性的内容相结合。

10.数字具化

数字具化型标题是指在标题中呈现出具体的数字，通过数字的形式来概括相关的主题内容。数字不同于一般的文字，它会给用户比较深刻的印象，让用户更加直观地把握短视频或直播内容。采用数字具化型标题有不少好处，具体体现在3个方面，如图2-25所示。

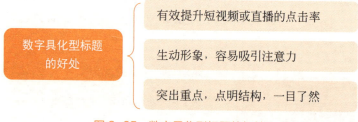

图 2-25 数字具化型标题的好处

数字具化型标题也很容易打造，它是一种概括性的标题，只要做到3点就可以撰写出来，如图2-26所示。

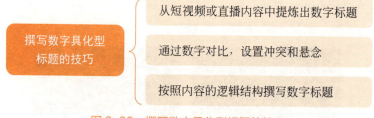

图 2-26 撰写数字具化型标题的技巧

此外，数字具化型标题还包括很多不同的类型，比如时间和年龄等，具体来说可以分为3种，如图2-27所示。

数字具化型标题比较常见，它通常会采用悬殊的对比、层层的递进等方式呈现，目的是营造一个比较新奇的情景，让用户产生视觉上和心理上的冲击。图2-28所示为数字具化型标题的案例。

事实上，很多内容都可以通过具体的数字总结和表达，只要把想重点突出的提炼成数字即可。同时还要注意的是，在打造数字具化型标题时，最好使用阿拉伯数字，统一格式，尽量把数字放在标题前面。

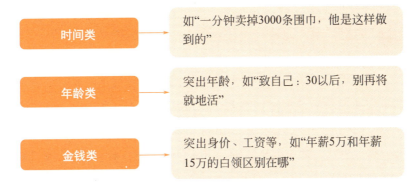

图 2-27　数字具化型标题的类型

图 2-28　数字具化型标题的案例

2.3　吸睛内容：有创意、有价值

在短视频或直播的运营过程中，内容的打造可谓是一个关键。内容足够有创意、有价值，才能快速吸引用户的关注。那吸睛内容要如何打造呢？这一节就来重点回答这个问题。

2.3.1 内容选择：多种热门类型

运营者对于那些爆款内容一定要时刻保持敏锐的嗅觉，及时地去研究、分析和总结他们成功背后的原因。不要一味地认为那些人都是运气好，而要思考和总结他们是如何成功的。多积累成功的经验，站在"巨人的肩膀"上看问题，才能看得更高、更远，才更容易超越。下面总结了短视频和直播的8大热门内容类型，大家可以参考。

1.美女帅哥

为什么把"高颜值"的美女帅哥摆在第一位呢？原因很简单，"高颜值"的美女帅哥通常更容易吸引用户的关注。

以抖音为例，2020年1月6日的数据显示，抖音个人号粉丝排行第一名的是"陈×"，第二名是"Dear-迪丽××"，他们的粉丝数量都超过了5000万。不可否认的是，这两人的颜值都比较高，而且他们获赞数据都超过了1亿，这说明这两个账号的粉丝黏性非常高、非常活跃。

可以说抖音个人号粉丝前十的账号中，"高颜值"类运营者占据了半壁江山。不难看出，颜值是抖音营销的一大利器。

2.萌娃萌宠萌妹子

"萌"往往和"可爱"这个词对应。许多用户在看到萌的事物时，都会忍不住多看几眼。根据展示的对象，可以将萌分为3类，一是萌娃；二是萌宠；三是萌妹子。下面就来分别进行分析。

（1）萌娃

萌娃是深受用户喜爱的一个群体。萌娃本身看着就很可爱了，而且他们的一些行为举动也让人觉得非常有趣。所以，与萌娃相关的短视频和直播，很容易就能吸引用户的目光。

（2）萌宠

萌不是人的专有名词，小猫、小狗等可爱的宠物也是很萌的。许多人之所以养宠物，就是觉得萌宠特别惹人怜爱。如果能把宠物日常生活中惹人怜爱、憨态可掬的一面展现出来，就能吸引许多喜欢萌宠的用户前来围观。

也正是因为如此，抖音、快手等平台上兴起了一大批萌宠"网红"。例如，"会说话的刘二豆"抖音粉丝数超过4500万、快手粉丝超过680万，内容以记录两只猫在生活中遇到的趣事为主，短视频中经常出现抖音、快手上的"热梗"，并配以"戏精"主人的表演，给人以轻松愉悦之感。图2-29所示为"会说话的刘二豆"发布的抖音短视频。

图2-29 "会说话的刘二豆"发布的抖音短视频

要成为一名出色的萌宠类播主，需要重点掌握一些内容策划的技巧，具体如下。

● 让萌宠人性化。比如，可以从萌宠的日常生活中找到它的"性格特征"，并通过剧情的设计，对其进行展示和强化。

● 让萌宠拥有特长。比如，可以通过不同的配乐，展示宠物的舞姿，把宠物打造成舞王。

● 配合宠物演戏。比如，可以拍一个萌宠的日常，然后通过后期配音，让萌宠和主人"说话"。

（3）萌妹子

萌妹子通常会自带一些标签，如爱撒娇、天然呆、温柔和容易害羞等。在这些标签的加持之下，用户在看到短视频或直播中的萌妹子时，往往都会心生怜爱和保护之情。

抖音、快手等平台上的各种萝莉都非常火,她们不仅有着非常性感迷人的身材,而且风格很二次元,经常穿着"lo服(洛丽塔服装)",很受宅男用户的欢迎。例如,"蔡×莉"凭借着好身材、高颜值以及COS(Costume的简略写法,指角色扮演)各种类型人物,在抖音、快手上受到了极大的关注。

3.才艺展示

才艺包含的范围很广,除了常见的唱歌、跳舞之外,还包括摄影、绘画、书法、演奏、相声以及脱口秀等。只要短视频或直播中展示的才艺足够独特,并且能够让用户觉得赏心悦目,那么,就很容易上热门。

图2-30所示为两条快手热门短视频。可以看到,这两条短视频便是通过展示演奏才艺来吸引用户关注的。

图2-30 展示演奏才艺的短视频

4.美景美食

关于"美"的话题,从古至今,有众多与之相关的成语,如沉鱼落雁、闭月羞花、倾国倾城等,除了表示其漂亮外,还附加了一些内在效果。可见,颜值高,有着一定影响力,甚至会起决定作用。

这一现象同样适用于短视频和直播内容打造。当然,这里的"美"并不仅仅是指人,它还包美景、美食等。运营者可以展示美景和美食,让用户共同欣赏。

从人的方面来说，除了先天条件外，想要变美，有必要在形象和妆容上下功夫，让自己看起来显得精神、有神采，这样能明显提升颜值。

从景物、食物等方面来说，可以通过其本身的美再加上高深的摄影技术来实现，如精妙的画面布局、构图和特效等，可以打造一个高推荐量、播放量的文案。图2-31所示为展示高颜值美食、美景的短视频。

图 2-31　展示高颜值美景、美食的短视频

短视频和直播平台的发展为许多景点带来了发展机遇。甚至是城市也开始借助短视频和直播来吸引游客。比如，许多人在听了歌曲《成都》之后，会想看看"玉林路"和"小酒馆"的模样；看到关于"摔碗酒"的短视频之后，会想去西安体验大口喝酒的豪迈；看到重庆"穿楼而过的轻轨"时，会想亲自去体验轻轨从头上"飞"过的奇妙感觉。

5. 技能传授

许多用户是抱着猎奇的心态看短视频和直播的。那么，什么样的内容可以吸引这些用户呢？其中一种就是技能传授类的。技能的范围比较广，既包括各种绝活，也包括一些小技巧。图2-32所示为一条展示生活小技巧的短视频。

图 2-32 展示生活小技巧的短视频

很多技能都是长期训练之后的产物，普通用户不能轻松掌握。其实，除了难以掌握的技能之外，运营者和主播也可以在短视频和直播中展示一些用户学得会、用得着的技能。比如，许多爆红抖音的整理技能便属于此类，如图2-33所示。

与一般的内容不同，技能类的内容能让一些用户觉得像是发现了一个新大陆。如果在日常生活中用得上，用户就会收藏，甚至将其发给亲戚朋友。因此，只要你展示的技能在用户看来是实用的，点击播放量通常会比较高。

爆红抖音的整理技能
- 抓娃娃"神器"、剪刀娃娃机等娱乐技能
- 快速点钞、创意地堆造型补货等超市技能
- 剥香肠、懒人嗑瓜子和剥橙子等"吃货"技能
- 叠衣服、清洗洗衣机和清理下水道等生活技能

图 2-33 爆红抖音的整理技能

6. 信息普及

有时候专门打造内容比较麻烦，如果运营者和主播能够结合自己的兴趣爱好和专业打造短视频内容，就一些用户都比较关注的信息进行普及，那么，就会变得容易得多。如果觉得你普及的内容具有收藏价值，用户也会很乐意给你点赞。

例如，抖音号"全球宝藏音乐"主要是对音乐进行普及；抖音号"手机摄影构图大全"主要是对摄影技巧进行普及。因为音乐和摄影都有广泛的受众，而且其分享的内容也比较有价值。因此，这两个抖音号得到了不少用户的支持。图2-34所示为这两个抖音号发布的短视频。

图 2-34　信息普及类短视频

7. 幽默搞笑

幽默搞笑类的内容一直都不缺观众。许多用户之所以经常看短视频和直播，主要就是因为其中有很多内容能够逗人一笑。所以，那些笑点十足的内容，很容易被引爆。

8. 知识输出

如果看完你的短视频之后，能够获得一些知识。那么，用户自然会对你发布的内容更感兴趣。许多人觉得化学这门学科学习起来比较难，很难对它提起兴趣。而抖音号"向×老师"便是结合世间万物将化学知识进行输出，让原本枯燥的课程变得具有趣味性。所以，其发布的抖音短视频吸引了大量用户的关注。

2.3.2 内容制作：打造优质内容

上一小节我们了解了几种热门内容类型，那该如何打造呢？这一节就来重点介绍内容的制作方法。

1. 封面设计

短视频和直播多到难以计量，怎样才能脱颖而出呢？运营者和主播首先要做的就是设计好封面。

外表的包装总是能影响一个人的第一印象，美的事物更能抓人眼球，因此好看的封面更能吸引用户点击查看。下面就来介绍一些更能吸引用户的封面类型。

第一种为自拍或者个人写真。一般适合秀场主播、美妆主播，或者是知名度、辨识度比较高的运营者。用户很容易被封面中的人物吸引，进而点击查看内容。

第二种是游戏、动漫人物的画面或海报。比较适合与游戏、动漫相关的短视频和直播。如果用户对相关游戏和动漫感兴趣，看到封面之后，就会想要点击查看内容。

第三种是要展示或销售的产品。如果你的短视频或直播是要销售某种产品，而该产品又比较好看，便可借助其外观先吸引一部分用户的目光。

第四种是某个有代表性的画面。比较常见于短视频的封面，例如，许多美食制作类的短视频封面，展示的就是最终的成品。

2. 内容包装

与封面同样重要的是内容的包装。以娱乐型的直播为例，直播间的流程安排会影响用户的体验感，传统的娱乐直播主要是主播进行才艺展示，新颖的直播方式包括了云Live。例如，抖音平台的"DOULive"系列活动，将现场的Live活动搬至线上，更好地表现出音乐现场的氛围。运营者和主播可以选择传统的直播形式，也可以选择新颖的直播方式，但云Live的形式通常邀请的是专业的明星艺人。

MCN机构会对主播会进行包装、培训，但如果是个人直播，在进行直播之前，需事先准备才艺、计划好直播的时长；在表演时，还可以进行互动抽奖环节。此外，直播歌单、妆容和话题都十分重要。

（1）直播歌单

歌曲可以侧重选择符合时下年轻人喜欢的音乐，例如节奏轻快、易于哼唱的中文歌或者节奏感强的英文歌等。另外，运营者和主播也可以对直播间播放的歌曲进行整理，方便直播结束后用户再次收听。

（2）直播妆容

直播妆容可以根据主播的风格而定，性感或者可爱是秀场主播常见的风格，主播通常还会选择相应的服饰进行搭配，或者佩戴相应的头饰。可爱型的主播可以选择双马尾，以及可爱少女的服饰；性感风格的主播则可以将头发放置一侧。

（3）直播话题

许多新人主播可能会面临没有话题可聊的问题，这要怎么解决呢？接下来就来分享一些方法。

- 讲述故事：从出生开始我们就接触童话故事，讲述故事能够快速提高用户的参与度，调节直播间的氛围。细节往往是故事中更生动、更打动人的地方，因此在讲述时，主播可以利用故事中的细节打动观众。
- 联想聊天：主要是通过一些话语中的关键字眼进行事情联想，例如利用用户在直播间的评论，选择合适的词语进行联想，进而产生话题。
- 利用"冷读术"（指在没有准备的情况下，如第一次见面时，就能看透别人的心思，从而更好地进行交流）沟通：例如，在进行连麦或者跟用户互动时便可以运用这种方法。也可以进行开放式的提问交流，加强用户的参与感。

3. 重点突出

无论是什么样的短视频或直播，都需要有侧重点，例如绘画类的直播，侧重的就是绘画技巧以及绘画教程；游戏直播的重点就是进行游戏。在游戏直播中，也有一些娱乐型主播，主要借助游戏来进行娱乐直播，娱乐为主，游戏为辅。

4. 内容创新

创意不但是营销发展的一个重要元素，同时也是内容必不可少的"营养剂"。运营者和主播如果想通过短视频或直播来打造自己或品牌知名度，就需要懂得"创意是王道"的重要性，在注重内容质量的基础上发挥自己的创意。

一个拥有独特创意的内容能够帮助运营者吸引更多的用户，创意可以表现在很多方面，新鲜有趣只是其中的一种，还可以是贴近生活、关注社会热点话题、引发思考、蕴含生活哲理、包含科技知识和关注人文情怀等。

2.3.3 内容特质：差异化运营

短视频和直播的内容始终都是用户关注的重点。运营者如果能够提供优质内容，就能吸引用户，增加流量。那么，什么才是优质内容呢？通常需要从以下两个特质体现出差异性。

1. 情感特质

加入情感特质容易引起情感共鸣，唤起用户心中相同的情感经历，并得到广泛认可。运营者和主播如果能在短视频或直播中利用这种特殊的情感属性，就会得到更多用户的追捧和认同。

可以在标题中加入情感，也可以在直播时利用感情让用户产生共情。例如，主播可以通过介绍自己的经历，拉近与用户之间的距离。这种情感融入不仅能让用户产生共鸣，还会增加彼此的亲近程度及信任程度。

2. 粉丝特质

"粉丝"这个名词相信大家都不会陌生，那么"粉丝经济"呢？"粉丝经济"就是通过粉丝运营来获得收益。作为互联网营销中的一个热门词，它向我们展示了粉丝支撑起来的强大IP营销力量。用好"粉丝经济"不仅能增强运营者影响力和推广力，还能将粉丝的力量转变为实实在在的利润，实现粉丝变现。

以淘宝直播为例，它针对粉丝的运营为主播提供了一个功能——亲密度管理，增加亲密分的规则可以由主播设置。对此，主播或直播间运营者便可以借助该功能来对粉丝进行管理，充分发挥粉丝的特质。例如，每日观看直播、发布一则评论之后，分别增加1分；关注主播、观看时长超过4分钟都增加5分；还有点赞和分享次数达到多少次可增加不同数值的积分等。

2.4 语言能力：打造一流的口才

在短视频或直播中出境的人，特别是主播，通常需要具备较强的语言能力。那么，如何提高语言能力、打造一流的口才呢？本节将从语言表达能力和聊天技巧这两个方面，重点讲解提高语言能力的方法。

2.4.1 语言表达能力：提高视频节目质量

直播的特点之一是具有强互动性，主播的语言表达能力对直播的营销效果将产生重大的影响。本小节将为大家简要介绍提高语言表达能力的方法。

1.注意语句表达

在语句的表达上，主播首先需要注意话语的停顿，把握好节奏；其次，语言表达要连贯，让人听着自然流畅。如果主播的表达不够清晰，那么用户接收信息时就容易造成误解。

另外，主播可以在规范用语上发展个人特色，形成个性化与规范化的统一。总的来说，主播的语言表达需要从4个方面进行把握，具体分析如图2-35所示。

图2-35　主播语言表达需要重点把握的方面

2.结合肢体语言

当单一的话语不足以表达自己的情绪时，主播可以借助动作、表情进行辅助表达。眼神的交流和夸张的肢体动作都可以使表达更显张力。

3.自身知识积累

主播可以在线下注重提高自身的修养，通过阅读增加知识的积累。大量的阅读可以增加一个人的逻辑能力及语言组织能力,从而帮助主播提高语言表达能力。

4. 进行有效倾听

懂得倾听是一种美好的品质,同时也是主播必须具备的素质。和用户聊天谈心,除了会说,还要懂得用心聆听。在和用户交流沟通的互动过程中,虽然表面上看是主播占主导,但实际上却要以用户为主。用户之所以愿意看直播,其中一个原因就是能与他人讨论自己感兴趣的内容。主播要想了解用户关心什么、想要讨论什么话题,就一定要认真倾听其心声和反馈。

5. 注意把握时机

说话时机是良好表达能力的重要体现。主播在表达自己的见解之前,必须要把握好用户的心理状态。比如,对方是否愿意接受这个信息?对方是否已经做好了倾听的准备?如果主播丝毫不顾及用户怎么想,不把握说话时机,只会事倍功半,甚至做无用功。选好时机,用户更容易接受你的建议。

如果一个电商主播,在购物节的时候向用户推销自己的产品,并承诺给予一定的折扣,那么用户在这个时候可能会对产品更感兴趣,并且会趁着购物节的热潮购买。

2.4.2 学习聊天技能:让你的直播间"嗨翻天"

如果在直播间遭遇了冷场该怎么办?本小节将为大家提供5个直播聊天的小技巧,有效避免出现冷场。

1. 随时感谢观众

俗话说得好:"细节决定成败!"如果对细节不够重视,那么用户就会觉得你的直播有些敷衍。在这种情况下,账号的粉丝很可能会快速流失;相反的,如果主播对细节足够重视,用户就会觉得你在用心运营,也会更愿意成为你的粉丝。

在直播的过程中,主播应该随时感谢用户,尤其是对主播进行打赏和新进入直播间的用户。在淘宝直播平台中,有的直播会通过欢迎词的设置对新进入直播间的用户表示欢迎,如图2-36所示。这看似只是不太起眼的一种设置,却能让用户觉得运营者和主播是在用心经营直播间。

2. 保持良好心态

对于喜欢吐槽,甚至是语言中带有恶意的人,主播一定要保持良好的心态。

千万不能因为这些人的不善而与其互喷，否则，用户可能会因为你与他人争吵而成为黑粉。

在面对个别用户带有恶意的评论时，不要与其互喷，而是以良好的心态进行处理，这也是一种有素质的表现。这种素质有时候也能让你成功获取其他用户的关注以及赞赏。那么，在面对用户的吐槽时，要如何处理呢？给大家提供两种方案。

① 用幽默的回复面对吐槽。以美妆主播为例，因为主播长得不是很好看，所以许多用户在评论区吐槽，让主播戴面纱遮住脸。看到这些评论时，该主播不仅不生气，反而较幽默地表示这个建议可以考虑。这让许多原本带有恶意的用户不禁生出了一些好感。

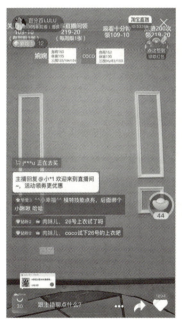 

图 2-36 直播间自动显示欢迎词

② 主播可以直接选择不回复，避免造成语言上的冲突。

3.多为他人着想

在为用户提供建议时，主播要站在用户的角度，进行换位思考，这样更容易了解用户的感受。

具体来说，主播可以细致地观察直播时及线下互动时用户的态度，并且进行思考、总结，尽可能多为用户着想。为他人着想体现在3个方面，如图2-37所示。

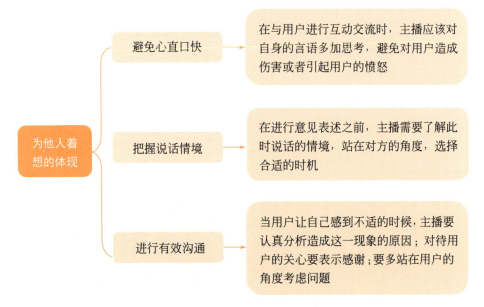

图 2-37 为他人着想的体现

4.保持谦虚态度

面对用户的夸奖或批评，主播都要保持谦虚的态度。谦虚会让主播获得更多用户的喜爱，即使是热门主播，谦虚低调也能让其直播生涯更加顺畅，并且获得更多的路人缘。

5.懂得适可而止

在直播聊天的过程中，主播要注意把握好度，懂得适可而止。例如，玩笑不要过度。要知道，有一部分主播就是因为开玩笑过度遭到封杀的。因此，懂得适可而止在直播中也是非常重要的。

有一些主播为了让自己更火，就故意蹭一些热度。例如，在地震的时候"玩梗"或者发表一些负能量的话题，引起用户的热议，增加自身的热度。结果不但没有火，反而因为用户的举报，遭到禁播。

如果在直播过程中，主播不小心说错了话，应该及时进行道歉。例如，"口红一哥"在与某女明星直播时开了不合适的玩笑，直播后在微博上向用户及该明星表达了歉意，获得了该明星和部分用户的谅解。

第3章
营销：从"流量"到"留量"

学前提示

在许多运营者看来，营销的目的就是获得更多的流量。其实，只要营销做得足够好，不仅能获得流量，还能把这些流量留下来，让其持续为你贡献购买力。

这一章就来教大家更好地进行营销，让营销不仅能吸引流量，更能"留量"。

3.1 内容营销：玩转短视频+直播"种草"

"种草"就是通过短视频和直播让用户产生购买兴趣。具体来说，运营者可以从3个方面进行"种草"，分别为产品、主播以及内容。角度不同，"种草"的方式也有所不同，本节将为大家分别讲述。

3.1.1 从产品入手：用户偏爱的"种草"产品

从产品的选择以及产品的价值出发，具体可以参考以下几点。

1.产品的高质量

运营者要对产品把好关，选择高质量的产品进行销售。这样既能加深用户的信任感，又能提高产品的复购率。在产品选择上，运营者和主播可以从以下几点出发，如图3-1所示。

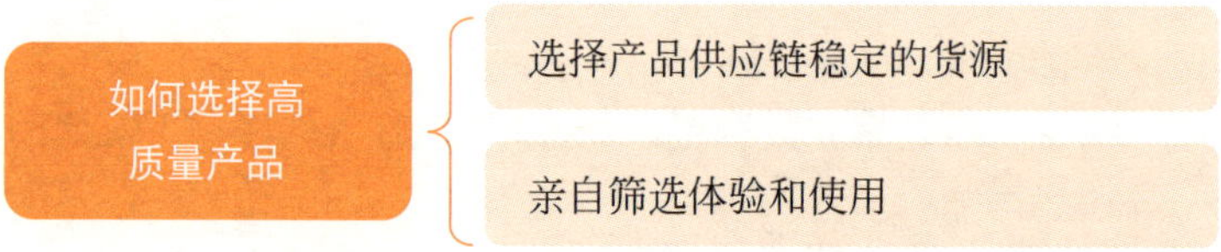

如何选择高质量产品 —— 选择产品供应链稳定的货源
　　　　　　　　 —— 亲自筛选体验和使用

图3-1 如何选择高质量产品

2.产品与自身要匹配

运营者和主播可以根据自身的人设选择产品。例如，某个明星的人设是机灵、搞怪，外形轻巧，那么与她的人设匹配的产品，应该带有活力、明快、个性、时尚和新潮等特点。这种人设和产品的匹配，会更好地显示出适用性，让用户更好地看到产品使用的效果。

3.产品的独特价值

产品的独特性可以从产品的造型或功能等角度出发。产品设计的独特性可以是产品与众不同的造型，而功能的独特性则可以是产品带有的新功能。当然，产品独特性的塑造必须要紧抓用户的购买需求，毕竟购买产品的还是用户。只有满足了用户的需求，才能更好地被用户接受和购买。

4.产品的稀缺价值

产品的稀缺性，可以从限量、专业定制等方面进行体现，显示产品的独一无二性，甚至可以让用户觉得具有收藏价值。除此之外，还可以从产品的属性上着手，对产品特有功能、使用人群和使用场景，甚至产地进行宣传。例如地方特产，就是利用地理的特殊性进行销售。

3.1.2　从主播入手：寻找高商业价值的达人主播

产品的"种草"也可以从主播入手，通过高商业价值的达人主播进行"种草"，实现精准营销。具体来说，要重点做好以下两个方面的工作。

1.主播的筛选

每种产品都具有特定的使用群体，每个主播又具有自身的特点，并且专业度也具有一定的差异。对此，运营者可以从年龄层、喜好和专业度等角度对主播进行筛选，选择更适合带货的主播。

2.主播的包装

主播的包装，除了提高自身素养和展现合适的妆容之外，还应该在宣传方面多下功夫，让宣传的图片和文字获得更好的展示效果。

从图片方面来看，许多直播中的图片用的都是主播个人照片。因此，要想让直播引人注目，就要找准一个完美的角度，更好地把直播内容与个人照片相结合，做到相得益彰。

如果主播的自然条件不那么引人注目，可以利用软件适当进行后期美化。当然，高颜值是相对的。主播应该在三个方面加以努力来增加自身颜值，即合适的妆容、整洁得体的形象和良好的精神面貌。

（1）合适的妆容

在直播平台上，不管是不是基于增加颜值的需要，化妆都是必需的。相较于整容而言，化妆有着巨大的优势，具体如下。

- 化妆相对来说成本要低得多。
- 化妆所要掌握的技术难度也较低。
- 化妆可能出现的风险比较轻。

主播的妆容也有需要注意的地方,在美妆类直播中,为了更好地体现出产品的效果,需要比较夸张一些,以便更好地衬托出产品的效果。一般说来,用户选择观看直播,其主要目的是获得精神上的轻松,让身心愉悦,因而主播的妆容应该让人赏心悦目。

当然,还应该考虑自身的气质和形象,因为化妆本身就是为了更好地展现气质。

（2）整洁得体的形象

对于主播来说,整洁得体的形象,是基本的礼仪要求。除了上面提及的化妆内容外,整洁得体还应该从两个方面考虑,一是衣着,二是发型,下面进行具体介绍。

主播在选择服装搭配时应该从自身条件、相互关系和用户观感这三个方面进行考虑,具体如图3-2所示。

图3-2 主播衣着的考虑要点

主播应该选择适合自身的发型,如马尾就是一种适用性较广的发型,既可体现干练,又能适当地体现俏皮活泼。

（3）良好的精神面貌

如果主播以积极、乐观的态度来面对用户,展现出良好的精神面貌,将会获得加分。以认真、全心投入的态度来完成直播,让用户充分感受主播的良好精神面貌,能够从一定程度上增强"种草"能力。

3.1.3 从内容入手：内容制作形成"种草"效果

优质的内容也会让用户更容易被"种草"。同样的产品，如果运营者和主播在短视频或直播中给出更加优惠的价格，或者能够充分展示出产品的使用效果，挖掘出用户的需求，用户就很容易被"种草"。

例如，同样的产品，在其他地方看到的价格是100多元，但是，你的短视频或直播中销售的价格只有70多元，还保证是正品。那么，用户就比较想要购买产品了。

3.2 营销推广：熟练运用平台的产品体系

这是一个"酒香也怕巷子深"的时代，尤其是随着短视频和直播的快速发展，用户可以接触到的信息越来越多，也越来越方便。这种情况下，如果做不好营销推广，营销效果很可能会大打折扣。

这一节就以抖音为例，重点教大家熟练运用产品体系，更好地做营销推广，通过深挖平台营销力，获取更好的营销效果。

3.2.1 曝光触达：获得海量曝光，精易触达

在抖音中设置了一些营销模块，这些营销模块既是营销广告，也可以让短视频内容获得海量曝光和精易触达。一起来看看这些抖音中大力支持的营销模块吧。

1.Topview超级首位

Topview超级首位是一种包含两种广告形式的营销模块，由两个部分组成，即前面几秒的抖音开屏广告和之后的信息流广告。

图3-3所示为小米手机的一条短视频，可以看到一开始是以抖音全屏广告的形式展现的（左侧），播放了几秒钟之后，变成了信息流广告（右侧），直到该视频播放完毕。这条短视频运用的就是Topview超级首位模块。

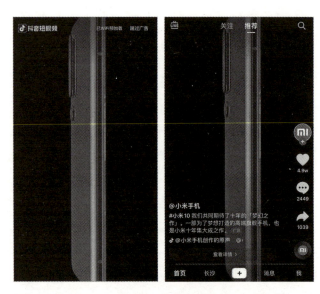

图 3-3 Topview 超级首位模块的运用

从形式上来看，Topview 超级首位模块很好地融合了开屏广告和信息流广告的优势。既可以让抖音用户在打开抖音短视频 App 的第一时间就看到广告内容，也能通过信息流广告对内容进行完整的展示，并引导抖音用户了解广告详情。

2. 开屏广告

开屏广告模块，顾名思义，就是打开抖音就能看到的广告营销内容模块。抖音用户一打开抖音短视频 App 就能看到，所以广告的曝光率较高。但其呈现的时间较短，内容较为有限。图 3-4 所示为开屏广告模块的运用案例。

按照内容的展示形式，开屏广告可细分为 3 种，即静态开屏（一张图片到底）、动态开屏（中间有图片的更换）和视频开屏（以视频的形式呈现广告内容）。运营者可以根据自身需求，选择合适的展示形式。

3. 信息流体系

信息流体系模块是一种通过短视频传达信息的广告内容模块。运用信息流体系模块的短视频，其文案中会出现"广告"字样，而用户点击链接，则可以跳转至目标页面，从而达到营销的目的。

图 3-5 所示为运用信息流体系的一条短视频。用户只需点击文案内容、"买同款"按钮或抖音账号头像，便可以跳转至产品购买界面。这种模块的运用，不仅可以实现信息的营销推广，还能让产品的购买更加便利化。

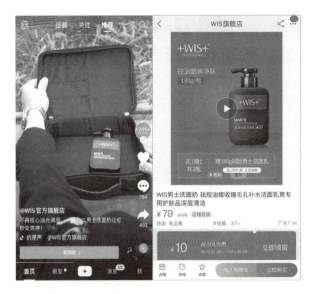

图 3-4　开屏广告模块的运用　　　　图 3-5　信息流体系模块的运用

3.2.2　互动引导：抓住共同利益点，打造触点

做营销推广，单纯将信息传达给用户是不够的，还需要通过互动引导抓住共同利益点，打造触点，让用户与内容、账号产生更强的联系，甚至是让用户直接购买产品。下面就以抖音为例，为大家介绍几种互动引导方式的设置。

1. 创意贴纸

抖音对于贴纸这一块是比较重视的，许多用户也会经常使用各种创意贴纸拍摄短视频。相关数据统计，抖音中使用率较高的贴纸，日曝光量超过了1万次。不难看出创意贴纸的受欢迎程度。

抖音中提供了大量的创意贴纸，用户只需点击拍摄界面中的"道具"按钮，便可以查看各类贴纸，甚至还可以直接使用某个贴纸拍摄抖音短视频，如图3-6所示。

另外，一款新的创意贴纸推出之后，还会出现相关话题，吸引用户使用该贴纸拍摄短视频，参与话题。

所以，运营者如果能够创作一些有创意的原创贴纸，便可以在用户使用贴纸的同时，达到曝光品牌的作用。抖音贴纸的制作既可以与抖音官方设计师合

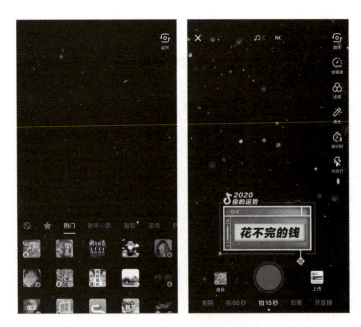

图 3-6 查看和使用贴纸

作,也可以和原创设计师合作。贴纸打造起来更加便利,就连没有经验的运营者也能通过合作快速打造属于自己的创意贴纸。

2.挂件

挂件就是在原本的内容之外增加的一些附件。运营者可以通过挂件的打造,激发用户参与品牌的相关活动,扩展品牌的展示空间。在抖音短视频平台中,挂件大致可以分为两类,即视频挂件和头像挂件。

视频挂件,即在原有视频内容的基础上挂出来的一些附件。这些挂件往往是由抖音官方统一挂上去的。挂件的具体内容通常是抖音官方推出的某个重大活动,或者是某个品牌通过抖音官方进行的广告营销。

头像挂件,即在头像周围(通常是在头像的上方)挂出来的一些附件。这一类附件通常不会由抖音官方自动挂上。但是,用户如果有需要,可以通过与相关品牌方合作,或者在抖音平台进行申请、设置的方式获取。

一个抖音号获得头像挂件之后,无论是在其抖音视频播放界面,还是在抖音账号主页,都会显示挂件信息。

3.扫一扫

在抖音中提供了专门的扫一扫入口,用户只需进入搜索界面,便可以看到

左上角的 图标，这便是抖音扫一扫的入口，具体如图3-7所示。

用户点击 图标，即可进入抖音"扫一扫"界面，如图3-8所示。用户可以在该界面扫描相关的二维码。除此之外，还可以点击下方的"我的抖音码"，进入"抖音码"界面，查看和保存自己的抖音二维码，如图3-9所示。然后，通过各种社交软件，将自己的抖音二维码照片发送给目标用户，从而起到缩短营销距离、增加账号粉丝的目的。

图 3-7 抖音扫一扫的入口

图 3-8 "扫一扫"界面

图 3-9 "抖音码"界面

3.2.3 创意信息添加：提高点击率，促进转化

那些经常刷短视频的人，更看重的是内容的创意。如果你的短视频毫无亮点，他们可能会直接划走。因此，要想办法让自己的短视频具有创意。比如，可以通过一些创意信息的添加，突显内容的亮点，从而提高相关链接的点击率，促进商品的高效转化。下面就以抖音为例，为大家介绍3种创意信息添加的方式。

1. 磁贴显示

磁贴就是粘贴在抖音短视频上的一种像是小卡片的附件，其实际作用与信息流广告中设置的按钮类似，只是显示的形式有所不同。当然，也有一些不同之处，其中比较显著的一个差异就是用户可以直接在短视频中去掉磁贴。品牌主和运营者可以通过磁贴的设置，让用户直达某个页面，从而实现重要信息的传达。

抖音短视频中的磁贴大致可以分为两种。一种是出现在抖音名字上方的小卡片。这种形式的磁贴通常是某些品牌的活动或商品详情按钮，目的就是让用户了解活动信息或为用户购买产品提供便利。图3-10所示的磁贴便属此类。

图3-10 名字上方出现的磁贴

另一种是在信息流广告中设置"去玩一下"按钮，视频播放一段时间之后，该按钮就变成磁贴，如图3-11所示。这种磁贴的作用和信息流广告的"去玩一下"按钮相同，都可引导用户直达应用下载界面。

2. 贴纸展示

随着抖音功能的升级，用户使用的贴纸特效也可以在视频中名字的上方展示出来。如果短视频中展示了贴纸特效，那么，其他用户只需点击一下，便可进入相关的话题界面，如图3-12所示。

贴纸特效的展示，可以让用户知道你是用什么贴纸特效拍摄的短视频。如果用户也喜欢，便可以点击该贴纸特效对应的按钮，进入对应的话题页来拍摄短视频。

图3-11 由"去玩一下"按钮变成的磁贴

贴纸展示对于运营者来说也是一种创意的营销方式。如果打造了自己的贴纸特效，便可以通过视频中贴纸特效的展示，吸引用户拍摄视频，从而更好地打造话题和制造热点，达到提高品牌传达率的作用。

图3-12 贴纸和相关话题

3.电话拨打

有时候用户看完短视频或相关信息介绍之后,心里会有一些疑问。如果运营者能够通过"电话拨打"按钮的设置为用户提供一个沟通渠道,便可以达到直接联系目标用户的目的。

通常来说,"电话拨打"按钮的设置可分为两类。一是抖音蓝V企业号认证成功,在抖音主页中设置的"电话拨打"按钮。这是抖音蓝V企业号的一种专属特权,可以在主页界面中设置拨打电话的按钮(按钮名称可以自行设置),用户点击该按钮,便可在弹出的提示框中点击"呼叫"按钮,拨打电话,如图3-13所示。

图3-13 企业号中设置的"电话拨打"按钮

另一种是进行了地址认领的店铺,在店铺信息展示界面设置的"电话拨打"按钮。图3-14所示为一条展示店铺地址的短视频,用户点击地址链接后,便可进入店铺信息详情界面。

如果用户❶点击店铺信息详情中的📞按钮,便会弹出一个包含商家联系方式的列表框。用户可以❷点击其中的联系方式。操作完成后,便可在弹出的列表框中点击"呼叫"按钮,拨打电话,如图3-15所示。

第3章
营销:从"流量"到"留量"

图 3-14　点击地址链接进入店铺信息详情界面

图 3-15　选择联系方式进行呼叫

3.3 营销策略：借助各种方法引爆销量

在当今社会，如果不能掌握一定的营销方法，即便是再好的事物，可能也难以为人所知，更不用说变现赚钱了。因此，运营者和主播要想将产品前景和"钱景"握在手中，借助营销引爆销量，还得掌握一些必要的营销方法。

3.3.1 活动营销：快速吸引用户目光

活动营销是指整合相关的资源策划活动，从而卖出产品，提升企业、店铺形象和品牌影响力的一种营销方式。通过营销活动的推出，能够提升客户的依赖度和忠诚度，更利于培养核心用户。

活动营销是各种商家经常采用的营销方式之一，常见的种类包括抽奖营销、签到营销、红包营销、打折营销和团购营销等。许多店铺通常会采取"秒杀""清仓""抢购"等方式，以相对优惠的价格吸引用户购买产品，增加平台的流量。

图3-16所示为某店铺中洗脸巾的"淘抢购"界面。可以看到，其便是通过举办优惠活动进行产品销售，实际上这就是典型的活动营销。

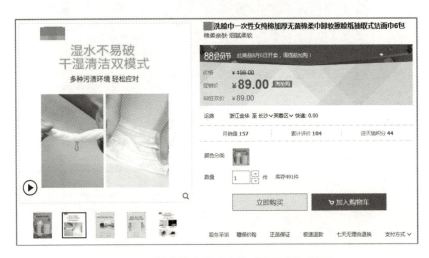

图 3-16 某店铺中洗脸巾的"淘抢购"界面

活动营销的重点往往不在于表现形式,而在于活动中的具体内容。也就是说,运营者和主播在短视频和直播中做活动营销时,需要选取用户感兴趣的内容,否则,难以收到预期的效果。

对此,运营者和主播需要将活动营销与用户营销结合起来,以活动为外衣,把用户需求作为内容进行填充。比如,当用户因商品价格较高不愿下单时,可以通过发放满减优惠券的方式适度让利,以薄利获取多销。

3.3.2 饥饿营销:限量提供引发抢购

饥饿营销属于常见的一种营销战略,运营者想要采用饥饿营销的策略,首先需要选择具有一定真实价值的产品,并且产品的品牌在用户心中有一定的知名度,否则,目标用户并不会买账。饥饿营销实际上就是通过降低产品供应量,造成供不应求的假象,从而形成品牌效应,快速销售产品。

饥饿营销运用得当产生的良好效果是很明显的,对店铺的长期发展也是十分有利的。图3-17所示为某部分商品的饥饿营销相关界面,以较低的价格销售较为有限的数量的方式,使有需求的用户陷入疯狂的抢购中。

图3-17 部分商品的饥饿营销相关界面

对运营者来说,饥饿营销主要可以起到两个作用。一是获取流量,制造短期热度。比如,受价格的影响,大量用户将涌入这些商品的购买页面。二是增加认知度,随着此次秒杀活动的开展,许多用户一段时间内对这些产品所属的品牌的印象加深,品牌的认知度将获得提高。

3.3.3 事件营销:结合热点推销商品

事件营销就是借助具有一定价值的新闻、事件,结合自身的产品特点进行宣传、推广,从而达到产品销售目的的一种营销手段。运用事件营销引爆产品的关键就在于结合热点和时势。

以"垃圾分类"这个热门话题为例,一大批名人也迅速加入话题讨论,使其成了网络一大热点。许多厂家和店铺推出了垃圾分类包包,如图3-18所示。

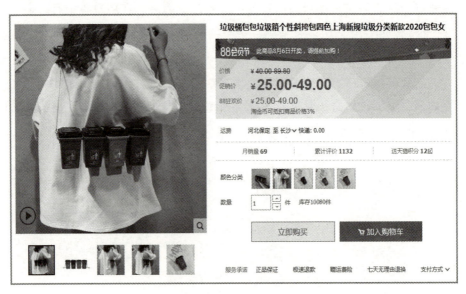

图3-18 垃圾分类包包

垃圾分类包包推出之后,借助"垃圾分类"这个热点事件,再加上在抖音等平台的疯狂宣传,知名度大幅度提高,随之而来的是大量用户涌入店铺,产品成交量快速增加。

综上所述,事件营销对于打造爆品十分有利,但是,如果运用不当,也会产生一些不好的影响。在事件营销中需要注意几个问题,如要符合新闻法规、要与产品有关联性、要控制好风险等。

事件营销具有几大特性,分别为重要性、趣味性、接近性、针对性、主动性、保密性及可引导性等。这些特性决定了事件营销可以帮助店铺获得更多的流量，从而成功达到提高产品销量的目的。

3.3.4 口碑营销：用好评率刺激消费

互联网时代，用户很容易受到口碑的影响，当某一事物受到主流市场推崇时，大多数人都会选择跟随。对于运营者来说，口碑营销主要是通过产品的好评带动流量，让更多用户出于信任购买产品。

常见的口碑营销方式主要包括经验性口碑营销、继发性口碑营销和意识性口碑营销。

1. 经验性口碑

经验性口碑营销主要是从用户的使用经验入手，通过用户的评论让其他用户认可产品，从而产生营销效果。图3-19所示为某店铺中某产品的评论界面。

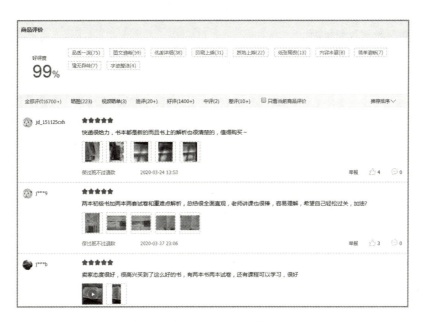

图 3-19　某店铺中某产品的评论界面

随着电商购物的发展，越来越多的人开始养成这样一个习惯，那就是在购买某件产品时一定要先查看他人的评价，以此对产品的口碑进行评估。而店铺中某件产品的总体评价较好时，便可凭借口碑获得不错的营销效果。

比如，在上面这幅图中，绝大多数用户都是直接给好评，该产品的好评度更是达到了99%。当其他用户看到这些评价时，会认为该产品总体比较好，并加入购物清单，甚至是直接购买。

2.继发性口碑

继发性口碑的来源较为直接，就是用户直接在抖音、快手和淘宝等平台上了解产品相关信息，逐步形成口碑效应。这种口碑往往来源于平台上的相关活动。

以"京东"为例，在该电商平台中，便通过"京东秒杀""大牌闪购""品类秒杀"等活动，给予用户一定的优惠。"京东"借助这个优势在用户心中形成了口碑效应。图3-20所示为"京东秒杀"的相关界面。

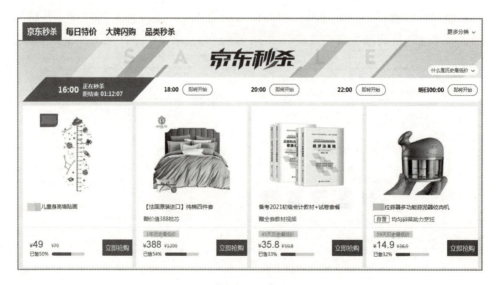

图3-20 "京东秒杀"的相关界面

3.意识性口碑

意识性口碑营销，主要就是由名人效应延伸的产品口碑营销，往往由名人的名气决定营销效果，同时明星的粉丝群体也会进一步提升产品的形象，打造产品品牌。

相比于其他推广方式，请明星代言的优势在于，粉丝很容易"爱屋及乌"，在选择产品时，会有意识地将自己偶像代言的品牌作为首选，有的粉丝为了扩大偶像的影响力，甚至还会将明星的代言内容进行宣传。

口碑营销实际上就是借助从众心理，通过用户的自主传播，吸引更多用户购买产品。在此过程中，非常关键的一点就是用户好评的打造。毕竟新用户受从众心理的影响进入店铺之后，要想让其消费，还得先通过好评获得信任。

3.3.5 品牌营销：实现名气销量齐飞

品牌营销是指通过向用户传递品牌价值来得到用户的认可和肯定，以达到维持稳定销量、获得口碑的目的。通常来说，品牌营销需要企业倾注很大的心血，因为打响品牌不是一件容易的事情，市场上生产产品的企业和商家千千万万，能被用户记住和青睐的却只有那么几家。

因此，如果运营者想要通过品牌营销的方式来引爆产品、树立口碑，就应该从一点一滴做起，坚持不懈，这样才能齐抓名气和销量，赢得用户的青睐和追捧。

品牌营销可以为产品打造一个深入人心的形象，让用户更信赖品牌下的产品趋。品牌营销需要有相应的营销策略，如品牌个性、品牌传播、品牌销售和品牌管理，以便让用户记住。

以某品牌为例，其品牌精神为前卫、个性十足、真实和自信等，这很好地诠释了产品的风格所在。同时，该品牌利用自身的优势在全球开设了多家店铺，获得了丰厚的利润，赢得了众多用户的喜爱。

该品牌的品牌营销也是一步一步从无到有摸索出来的，它也是依靠自己的努力慢慢找到营销窍门的，从而打造出爆品，要学会掌握品牌营销的优势，逐个击破。

那么，品牌营销的优势究竟有哪些呢？总结为4点，具体如下。

① 有利于满足用户需求。

② 有利于提升企业影响力。

③ 有利于提高企业竞争力。

④ 有利于提高企业效率。

品牌营销的优势不仅对企业有利，对爆品的打造也同样适用，总之一切都是为了满足用户的需求。

3.3.6 借力营销：借外力为推广增益

借力营销属于合作共赢的模式，它主要是指借助于外力或别人的优势资源，来实现自身的目标或者起到相关的效果。比如，运营者和主播在产品的推广过程中存在自身无法完成的工作，但是其他人擅长这一方面的工作，就可以通过合作达成目标。

在进行借力营销时，运营者和主播可以借力于3个方面的内容，具体如下。

① 品牌的借力：借助其他知名品牌，快速提升品牌和店铺的知名度和影响力。

② 用户的借力：借助其他平台中用户群体的力量，宣传店铺及其产品。

③ 渠道的借力：借助其他企业擅长的渠道和领域，节省资源、打造共赢。

图3-21所示为某品牌薯片借力爱奇艺进行营销的相关画面。该品牌借助视频将爱奇艺的用户变为品牌和产品的宣传对象，从而增加品牌和产品的宣传力度和影响范围。

图 3-21　某品牌薯片借力爱奇艺进行营销

借力营销能获得怎样的效果，关键在于借力对象的影响力。所以，在采用借力营销策略时，运营者和主播应尽可能地选择影响力大，且包含大量目标用户的平台，而不能抱着广泛撒网的想法到处去借力。

这主要有两个方面的原因。首先，运营者的时间和精力是有限的，这种广泛借力的方式对于大多数运营者来说明显是不适用的;其次,盲目地借力,不能将信息传递给目标用户,花了大量时间和精力,却无法取得预期的效果。

3.4 营销话术:让你的表达更有说服力

同样是做产品营销,有的主播一场直播可以带货上千万,有的主播却没卖出几件产品。之所以会出现这种差异,其中一个重要原因就是前者懂得通过营销话术引导销售,而后者却连基本的营销话术都未掌握。

3.4.1 常见话术:直播间卖货通用

在直播的过程中,主播如果能够掌握一些通用话术,会获得更好的带货、变现效果。这一节就来对5种直播通用话术进行分析和展示,帮助大家更好地提升自身的带货和变现能力。

1. 用户进入,表示欢迎

用户进入直播间之后,直播的评论区会有显示。主播看到后,对其表示欢迎。

当然,为了避免欢迎话术过于单一,主播可以在一定的分析之后,根据自身和观看直播的用户特色来制定具体的欢迎话术。具体来说,主要包括以下4种。

① 结合自身特色。如"欢迎×××来到我的直播间,希望我的歌声能够给您带来愉悦的心情。"

② 根据用户的名字。如"欢迎×××的到来,看名字,您是很喜欢玩《××××》游戏吗?真巧,这款游戏我也经常玩!"

③ 根据用户的账号等级。如"欢迎×××进入直播间,哇!这么高的等级,看来是一位大佬了,求守护呀!"

④ 表达对忠实粉丝的欢迎。如"欢迎×××回到我的直播间,差不多每场直播都能看到您,感谢一直以来的支持呀!"

2. 用户支持,表示感谢

当用户在直播中购买产品,或者给你刷礼物时。你可以通过一定的话语表示感谢。

① 对购买产品的感谢。如"谢谢大家的支持，××不到1小时就卖出了500件，大家太给力了，爱你们哦！"

② 对刷礼物的感谢。如"感谢××哥的嘉年华，这一下就让对方失去了战斗力，估计以后他都不敢找我PK了。××哥太厉害了，给你比心！"

3. 通过提问，提高活跃

在直播间向用户提问时，主播要使用更能提高用户积极性的话语。对此，可以从两个方面进行思考，具体如下。

① 提供多个选择项，让用户自己选择。如"接下来，大家是想听我唱歌，还是想看我跳舞呢？"

② 让用户更好地参与其中。如"想听我唱歌的打1，想看我跳舞的打2，我听大家的安排，好吗？"

4. 引导用户，为你助力

主播要懂得引导用户，根据自身的目的，让用户为你助力。对此，可以根据自己的目的，用不同的话术进行引导，具体如下。

① 引导购买。如"天啊！果然好东西都很受欢迎，半个小时不到，××已经只剩下不到一半的库存了，要买的宝宝抓紧时间下单哦！"

② 引导刷礼物。如"我被对方超过了，大家给给力，让对方看看我们的真正实力！"

③ 引导直播氛围。如"咦！是我的信号断了吗？怎么直播评论区一直没有变化呢？喂！大家听不听得到我的声音呀，听到的宝宝请在评论区扣个1。"

5. 下播之前，传达信号

每场直播都有下播的时候，当直播即将结束时，主播应该通过下播话术向用户传达信号。可以重点从3个方面进行考虑，具体如下。

① 感谢陪伴。如"直播马上就要结束了，感谢大家在百忙之中抽出宝贵的时间来看我的直播。你们就是我直播的动力，是大家的支持让我一直坚持到了现在。期待下次直播还能再看到大家！"

② 直播预告。如"这次的直播要接近尾声了，时间匆匆，还没和大家玩够就要暂时说再见了。喜欢主播的可以明晚8点进入我的直播间，到时候我们再一起玩呀！"

③ 表示祝福。如"时间不早了，主播要下班了。大家好好休息，做个好梦，我们来日再聚！"

3.4.2 带货话术：新主播必须掌握

主播在销售过程中，除了要把产品很好地展示给用户以外，还要掌握一些销售技巧和话术，这样才可以更好地进行产品推销，提高主播自身的带货能力，增值商业价值。

每一个用户的消费心理和消费关注点都不一样，在面对合适、有需求的产品时，许多用户仍然会由于各种细节因素，导致最后没有下单购买。

面对这种情况，主播需要借助一定的销售技巧和话语来突破用户的心理防线，促成下单行为。本小节介绍几种销售的技巧和话术，帮助大家提升带货技巧，创造直播间的高销量。

1.介绍产品，劝说购买

主播可以用一些生动形象、有画面感的话语来介绍产品，达到劝说用户购买产品的目的。下面就向大家描述一下介绍法的3种操作方法，如图3-22所示。

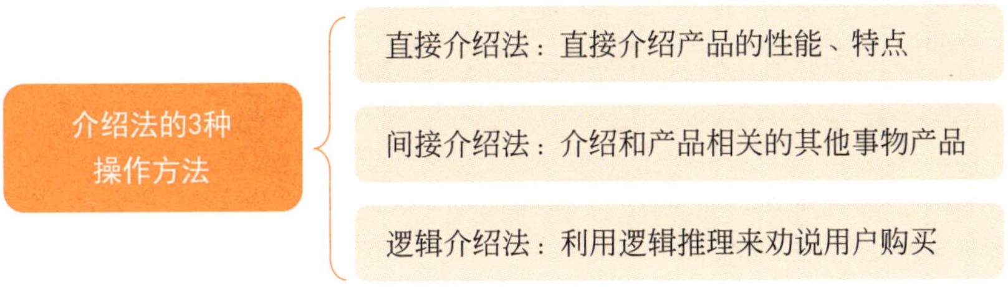

介绍法的3种操作方法
- 直接介绍法：直接介绍产品的性能、特点
- 间接介绍法：介绍和产品相关的其他事物产品
- 逻辑介绍法：利用逻辑推理来劝说用户购买

图 3-22 介绍法的 3 种操作方法

（1）直接介绍法

直接介绍法是销售人员直接向用户介绍、讲述产品的优势和特色，从而达到劝说用户购买的一种办法。这种推销方法的优势就是节约时间，直接让用户了解产品的优势，省却不必要的询问过程。

例如，某款服饰的材质非常轻薄贴身，适合夏季穿着，主播可以直接介绍服装的优点，或者在直播间表明可以用消费券购买。

（2）间接介绍法

间接介绍法是向用户介绍和产品本身相关的其他事物来衬托产品本身。例如，如果主播想向用户介绍服装的质量，可以介绍服装的做工、面料来表明质量过硬，值得购买。

（3）逻辑介绍法

逻辑介绍法是销售人员采取逻辑推理的方式，来达到说服用户购买产品的一种沟通推销方法。这也是线下销售中常用的推销手法。逻辑介绍法的主要特点表现为以理服人、顺理成章和说服力很强。

主播在进行推销时，可以对用户说："用几次奶茶钱就可以买到一件美美的服装，你肯定会喜欢。"这就是一种较为典型的推理介绍。

2. 赞美用户，引导购买

赞美法是一种常见的推销话语技巧，这是因为每一个人都喜欢得到他人的赞美。被赞美的人很容易情绪高涨，从而在这种情绪的引导下采取购买行为。

三明治赞美法属于比较被人所推崇的一种表达方法：首先根据对方的表现来称赞对方的优点；然后再提出希望对方改变的不足之处；最后，重新肯定对方的整体表现状态。即先褒奖，然后说实情，再总结好处。

在日常生活和主播销售中，可以采用三明治赞美法。例如，当用户担心自己的身材不适合这条裙子时，主播就可以说："这条裙子不挑人，大家都可以穿。"

3. 强调产品，大力推荐

强调法，也就是不断地向用户强调这款产品是多么的好，多么的适合用户，类似于"重要的话说三遍"。

当主播想大力推荐一款产品时，就可以不断地强调这款产品的特点，以此营造一种热烈的氛围，在这种氛围下，粉丝很容易不由自主地下单。主播可以反复强调此次直播间产品的优惠力度，例如福利价五折、超值优惠和购买即送某某产品等。

4. 示范推销，亲身体验

示范法也叫示范推销法，就是通过看、摸和闻，把要推销的产品展示给用户，从而激起用户的购买欲望。

由于直播销售这种局限性，使得用户无法亲自看到产品，这时主播可以代替用户来体验产品。对于用户来说,主播相对更加了解产品的风格和款式,由主播代替自己来体验服装,也会更加放心。图3-23所示为示范推销法的操作方法。

示范推销法的操作 { 方法1:灵活展示产品,勾起用户的兴趣
方法2:演示和讲解产品,激发用户下单购买 }

图 3-23 示范推销法的操作

(1)灵活展示产品

示范推销法是一种日常生活中常见的推销方法,其中涉及的方法和内容较复杂,不管是商品陈列摆放、当场演示,还是模特试用、试穿和试吃等,都可以称之为示范推销法。

这种方法就是把产品的优势尽可能地全部展示出来,让用户亲身感受产品的优势,来吸引用户的兴趣。

现在的电商直播都会选择这种方式,对产品细节、美食口味进行试用试吃。图3-24所示为带货主播试吃美食的画面。

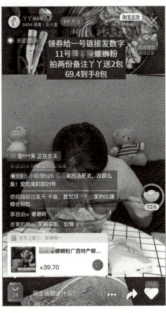

图 3-24 带货主播试吃美食

（2）演示和讲解产品

对于销售人员来说，善于演示和讲解产品是非常有必要的，毕竟说得再多，不如让用户亲自使用一下，就像是出售床上用品的商家一样，会创造一个睡眠环境，让用户试睡。

但直播这种线上销售方式，用户无法亲自使用。这时，主播就可以代替用户使用产品，通过镜头展现使用效果，如图3-25所示。

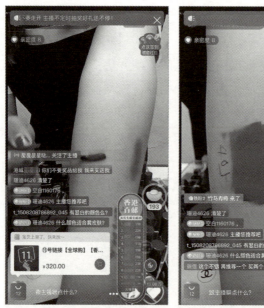
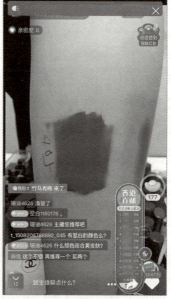

图3-25　主播在镜头前展示产品的使用效果

5.限时优惠，心理压迫

限时法是直接告诉用户，现在在举行某项优惠活动，这个活动哪天截止，在活动期能够得到什么利益。此外，提醒用户活动期结束后，再想购买，需要花更高的价格。

例如，主播可以说："亲，这款服装，我们今天做优惠降价活动，最后一天了，你还不考虑入手一件吗？过了今天，恢复原价位，和现在的价位相比，足足多了几百呢！如果你想购买的话，尽快做决定哦，机不可失，时不再来。"

通过这种推销方法，会给用户有一种错过这次活动，之后再买就亏大了的感觉，同时通过告知最后期限，让用户产生心理紧迫感。

主播可以积极运用这种手法,通过销售话术给用户造成紧迫感,也可以在直播界面中用"限时抢购""×点前下单××(元)"等字眼,刺激用户的消费欲望。图3-26所示为直播间限时法的展示。

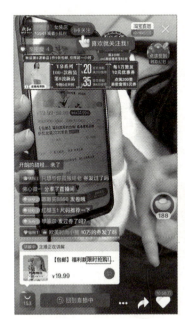

图3-26 直播间限时法的展示

第4章
"种草"：发挥短视频的带货能力

学前提示

　　许多运营者主要是通过"种草"吸引用户购买短视频中推荐的产品来进行变现的。对这些运营者来说，短视频能否成功"种草"显得尤为关键。

　　这一章就来对"种草"的相关内容进行说明，让大家可以充分发挥短视频的带货能力，更好地打造"种草"短视频。

第4章
"种草"：发挥短视频的带货能力

4.1 引导购物："种草"的优势展露无遗

"种草"，网络流行语表示分享推荐某一商品的优秀品质，以激发他人购买欲望的行为。

短视频"种草"可以让用户发现某些产品的优点，进而引导购买。"种草"这种发现式购买往往具有直观性和场景化的优势，能够凸显产品的卖点，引导用户进行购物。这也是许多短视频都会对产品进行"种草"的重要原因。

4.1.1 直观性：让用户不知不觉被"套路"

无论是短视频"种草"，还是直播"种草"，都会对"种草"的产品进行展示。这样一来，用户在看到内容之后，就会接收到运营者传达出的产品优势，对产品，特别是产品的外观有一个直观的了解。

如果从"种草"内容中可以看出产品的一些优势，而且"颜值"又比较高，部分用户便会想要购买。再加上短视频对产品进行多角度的展示，并附上链接。这种看似在随意展示产品，实质是在进行"种草"的行为，很容易对用户产生吸引力。所以，部分用户就会在不知不觉中被"套路"，越发想要购买"种草"的产品。

图4-1所示为某旅行箱的"种草"短视频。该短视频看上去像是将旅行箱作为一个拍摄的道具，但旅行箱"颜值"比较高，比较有少女心，短视频还插入了购买链接。所以，许多人看到后，会忍不住想点击链接进行购买。

4.1.2 场景化：让你的产品更加吸引人

许多"种草"短视频都是进行场景化的营销，也就是结合产品的使用场景进行展示，让用户更好地看到使用效果。在这种情况下，"种草"内容就相当于是为用户提供了一个购买产品的理由。这样一来，短视频中"种草"的产品对于用户来说，无疑更加有吸引力了。

图 4-1 某旅行箱的"种草"短视频

图 4-2 所示为某电饭煲的"种草"短视频。该短视频对产品的使用场景进行了展示。该电饭煲有两个胆,可以同时炖菜和煮饭,比较方便,而且还节约时间。在这种情况下,该电饭煲对于经常做饭的人群来说,无疑便具有了吸引力。

图 4-2 某电饭煲的"种草"短视频

4.2 KOL"种草":加速用户的转化决策

KOL 是 Key Opinion Leader 的缩写,意为意见领袖。KOL 种草就是通过意见领袖发布"种草"内容,将产品的相关信息传达给用户。因为意见领袖通常在某领域有一定的影响力,并且还有一批追随者。所以通过意见领袖发布种草视频,往往可以加速用户的转化决策,让用户更快地下单购买产品。

根据 KOL 的影响力,通常可以将其分为底部 KOL、中腰部 KOL 和头部 KOL。因为底部 KOL 的影响力相对有限,所以许多品牌都不会与其合作。因此,这一节重点讲解中腰部 KOL 和头部 KOL。

4.2.1 中腰部 KOL:基于消费者角色引发共鸣

中腰部 KOL 的影响力和头部 KOL 相比,相对来说要小一些,而且其拥有的粉丝也不是特别多。所以,中腰部 KOL 进行"种草"时,通常会将自己放在"消费者"的位置上,通过亲身体验来展示产品,从而引发用户,特别是非粉丝用户的共鸣,进而让用户购买短视频中"种草"的产品。

图 4-3 所示为某运动产品的"种草"短视频。账号运营者(属于中腰部

图 4-3 某运动产品的"种草"短视频

KOL）不仅把自己放在了被"种草"的位置，而且还在使用产品的过程中，对使用感受进行说明。许多用户看到后，容易引起共鸣，觉得短视频中的产品对于锻炼肌肉是比较有用的，从而想要购买。

4.2.2 头部KOL：基于关注关系获得用户信任

头部KOL通常在某一领域具有一定的影响力，并且还拥有一大批的追随者。所以，当头部KOL发布种草短视频和直播时，大部分用户对于产品是比较认同的。许多人基于对头部KOL的信任，会认为其种草的产品是值得入手的。

图4-4所示为美食类头部KOL李子柒发布的一条火锅底料"种草"短视频。该短视频对产品的制作过程进行了展示，制作出的成品也比较吸引人。所以，很多用户会觉得李子柒"种草"的这款产品可以放心地购买。

图4-4 某火锅底料的"种草"短视频

4.3 "种草"作用：激发用户需求，提高转化

许多品牌和店铺运营者之所以要花钱请人对产品进行种草，主要是因为"种草"可以激发用户的购买需求，从而提高产品的转化率。这主要体现在通过

社交分享，增加用户对产品的认知；"种草"内容可以加强用户对产品的信任，起到刺激消费的作用；如果"种草"的产品足够有吸引力，用户便会快速"拔草"，完成产品的购买。

4.3.1 社交分享：增加用户对产品的认知

有时候一条"种草"短视频刚推出来，可能难以快速获得大量关注。此时，运营者便可以通过社交分享的方式，借助平台中的分享功能，将"种草"内容分享给好友，从而扩大内容的影响面。以抖音短视频App为例，运营者可以通过如下步骤，将"种草"短视频分享给微信好友或微信群。

- 步骤01　进入"种草"短视频的播放界面，点击右侧的➡按钮，如图4-5所示。
- 步骤02　操作完成后，界面会弹出"分享到"提示框。点击提示框中的"微信好友"按钮，如图4-6所示。

图 4-5　点击➡按钮　　　　图 4-6　点击"微信好友"按钮

- 步骤03　操作完成后，界面会弹出"微信好友分享"提示框。点击提示框中的"视频分享给好友"按钮，如图4-7所示。
- 步骤04　进入"微信"界面，选择分享"种草"的对象，如图4-8所示。

图 4-7 点击"视频分享给好友"按钮　　图 4-8 选择分享"种草"的对象

● 步骤05　进入微信聊天界面，点击"⊕→照片"按钮，如图4-9所示。
● 步骤06　进入"最近项目"界面，❶选择刚刚保存的"种草"短视频；❷点击"发送"按钮，如图4-10所示。

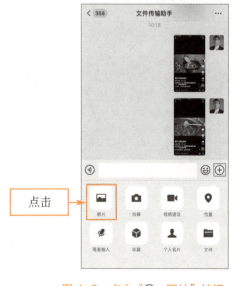
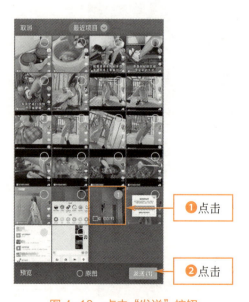

图 4-9 点击"⊕→照片"按钮　　图 4-10 点击"发送"按钮

> **步骤07** 操作完成后，微信聊天界面如果出现该短视频，就说明分享成功了，如图4-11所示。

另外，被分享的微信好友或微信群成员点击该短视频，还可进入全屏播放界面。该界面会显示抖音号，如图4-12所示。这样一来，微信好友或微信群成员就知道该"种草"短视频来源于哪个账号了。如果微信好友或微信群成员有购买产品的需求，可进入抖音找到对应的短视频，并点击链接进行购买。

图4-11 "种草"短视频分享成功　　图4-12 全屏播放显示抖音号

4.3.2 "种草"内容：加强用户信任，刺激消费

运营者和主播发布的种草内容，本身就是对产品，特别是产品优势的一种展示。这种展示如果做得好，不仅能加强用户对运营者和主播，以及产品的信任，还能刺激消费，激发用户的购买欲。

图4-13所示为某食品的"种草"短视频。在该短视频中，运营者将食品进行烹饪，不仅让用户看到了成品效果，还亲自品尝了。部分用户看到后，会觉得该食品是比较值得信任的，毕竟运营者自己都在吃。这种情况下，用户会比较放心地购买产品了。

图 4-13 某食品的"种草"短视频

4.3.3 购买转化：让用户"种草"后快速"拔草"

对于运营者和主播来说，"种草"的直接目的就是让用户"拔草"（即购买产品）。因为在短视频或直播中是可以直接插入产品链接的，这便让用户购买产品变得比较便利了。如果运营者、主播或者店铺还能给一定的优惠，那么用户就会快速"拔草"，购买产品。

以某女装"种草"短视频为例，运营者在短视频中提供了购买链接，用户进入店铺之后可以获得一张优惠券。因此，许多用户纷纷"拔草"。具体来说，可以通过如下步骤促使用户对该女装"拔草"。

步骤01 进入"种草"短视频的播放界面，点击产品链接，即短视频中的"视频同款"按钮，如图4-14所示。

步骤02 操作完成后，会弹出一个提示框，提示框中显示该产品可以领取一张5元的优惠券。点击提示框中的"去淘宝看看"按钮，如图4-15所示。

图 4-14 点击"视频同款"按钮　　图 4-15 点击"去淘宝看看"按钮

> **步骤03** 进入淘宝，点击"立即领券"按钮，如图4-16所示。

> **步骤04** 进入产品详情界面，点击"领券购买"按钮，如图4-17所示。

图 4-16 点击"立即领券"按钮　　图 4-17 点击"领券购买"按钮

> **步骤05** 进入产品购买选择界面，❶选择产品的尺码、颜色等信息；❷点击"领券购买"按钮，如图4-18所示。

> **步骤06** 进入"确认订单"界面，点击"提交订单"按钮，并支付对应的金额，便可以购买产品，完成拔草了，如图4-19所示。

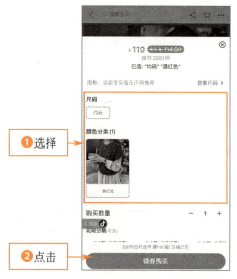

图4-18　点击"领券购买"按钮　　　　图4-19　点击"提交订单"按钮

4.4 把握心理："种草"要击中人性的本质

运营者要想获得比较好的"种草"效果，还得学会把握用户的心理，通过击中人性的本质来引导用户购买产品。具体来说，运营者要重点把握用户的3种心理，即从众心理、权威心理和求实心理。

4.4.1 从众心理：都在"种草"，可以试试

用户的从众心理，简单的理解就是当许多人都在"种草"某件产品时，用户就会觉得既然这么多人都说好，那应该差不了。所以，如果某件产品被多个运营者或主播"种草"，许多用户就会想要买来试试看。

图4-20所示为某唇釉的两条"种草"短视频。用户如果同时看到了这两个

短视频,就会认为这款唇釉是运营者都推荐的,质量应该差不到哪里去。这样一来,受从众心理的影响,自然会更愿意购买。

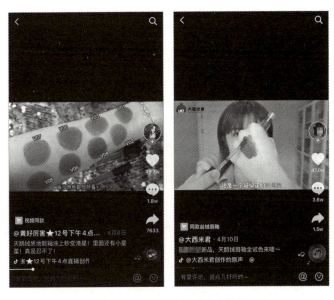

图4-20 某唇釉的两条"种草"短视频

对于品牌或商家来说,同时与多个KOL合作,可以增加产品的覆盖面,以及用户看到产品"种草"内容的次数。这样做虽然会增加推广成本,但也能快速提高产品的知名度。

对于运营者来说,如果所属的机构接到了产品"种草"合作,便可以与所在机构的其他运营者一起进行"种草",或者利用自己的多个账户组成营销矩阵,让更多用户看到产品内容,从而借助产品的成交,获得更多的佣金。

4.4.2 权威心理:他推荐的应该不错

每个行业中都会有一些所谓的"权威",这些人说出来的话往往会比较让人信服。而在短视频和直播的各领域中,也有一些"权威",就是前面所说的头部KOL。

通常来说,一个运营者或主播之所以能成为头部KOL,就是因为其过往发布的内容比较受用户的欢迎,或者说让用户比较信服。所以,当这些头部KOL发布"种草"短视频时,大部分用户都会觉得他们推荐的产品应该还不错,毕竟这些人是各领域的权威。

图4-21所示为有着"口红一哥"之称的李佳琦发布的一条口红"种草"短视频。在该短视频中,李佳琦对该口红大加赞赏。用户会认为:这么权威的人都说好了,那这款口红应该还不错。毕竟他就是长期做口红测评的,能获得他推荐的口红已经不太多了。

图 4-21 口红"种草"短视频

需要特别注意的是,利用权威心理进行"种草"只适用于拥有较大影响力的头部KOL,如果只是一般的运营者,可能难以让用户信服。而每个短视频和直播平台上的头部KOL又是比较有限的,所以运营者或主播要想借助权威心理进行种草,还得在平时增加自身的影响力,让自己先成为头部KOL。

4.4.3 求实心理:确实有效,值得一买

虽然许多"种草"的产品价格都比较优惠,而且光看种草内容好像也还不错。但是,部分用户可能还是会有一些疑虑。毕竟许多人都有不愉快的网购经历,所以对于短视频和直播中推荐的产品会多一分慎重。

此时,运营者和主播不妨借助用户的求实心理来进行"种草"。所谓"求实心理",就是用户在购买一件产品时,只有对产品的实际效果足够满意,才会觉得值得买来一试。对此,运营者和主播可以在"种草"内容中对产品的使用效果

进行展示，让用户看到实际效果。只要效果足够好，用户自然就会想要购买了。

图4-22所示为某显瘦套装的"种草"短视频。在该短视频中，运营者对不穿套装和穿上套装的效果分别进行展示，穿上套装后，模特看上去明显要瘦得多，从正面和侧面看都比较显瘦。所以，用户会觉得这款套装确实比较显瘦。在这种情况下，受求实心理的影响，部分用户便会想要购买了。

图 4-22　某显瘦套装的"种草"短视频

借助求实心理进行"种草"比较适合使用后能够起到明显效果的产品。具有求实心理的用户会觉得"事实胜于雄辩"，如果产品的使用效果达到了心理预期，就会觉得产品确实是值得购买的。

4.5　4W1H理论：快速做好"种草"短视频

本章前面4节已经对"种草"的相关内容进行了说明，那么，如何才能快速做出"种草"短视频呢？对此，可以利用4W1H理论，快速理清"种草"的关键内容，完成"种草"内容的制作。这一节就以短视频"种草"为例，对4W1H理论的运用进行说明。

4.5.1 What：对什么进行"种草"？

在进行短视频"种草"之前，运营者需要先明确"种草"的东西是什么。通常来说，可以从两个角度进行思考：一是直接选择自己拥有货源的产品；二是选择与账号定位相关的产品。

选择拥有货源的产品进行"种草"就不用多说了，运营者有哪些产品的货源，便针对性地进行"种草"即可。下面重点讲解如何根据账号的定位，选择合适的"种草"产品。

以在抖音短视频App中"种草"女装产品为例，运营者可以在"添加商品"界面直接输入"女装"，操作完成后便可以看到许多可以加入橱窗赚取佣金的女装产品，如图4-23所示。

运营者还可以根据自身的需要，对产品进行重新排列，从而更好地选择想要"种草"的产品。例如，想要获得更高的佣金率，可以点击界面的"佣金率"按钮，操作完成后，女装产品便会按佣金率从高到低排列，如图4-24所示。

图 4-23 在"添加商品"界面搜索"女装"　　图 4-24 按佣金率从高到低排列

同样的道理，运营者还可以点击"销量"和"价格"按钮，让界面按照销量从高到低或价格从低到高的顺序进行排列，如图4-25、图4-26所示。

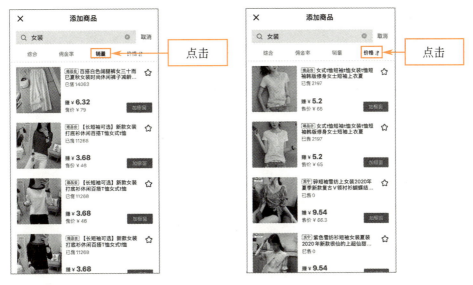

图 4-25　按销量从高到低排列　　图 4-26　按价格从低到高排列

当然,如果运营者想要按照价格从高到低进行排列,可以再次点击"价格"按钮。操作完成后,"价格"按钮中箭头的方向会发生变化,产品的排列顺序也将随之而变化。

4.5.2　Who:谁"种草"或被"种草"?

除了确定"种草"的产品之外,还需要确定"种草"相关的人员,即谁"种草"或谁被"种草"。

1. 谁"种草"

确定谁"种草"一般是品牌方或商家需要做的事情。所谓确定谁"种草"就是选择合适的合作对象,让其发布"种草"短视频,推广产品并促进销售。通常来说,品牌方或商家在确定合作的短视频运营者时,选择与产品贴合度高的账号即可。

例如,品牌方和商家可以登录"飞瓜数据"官网的快手版后台,单击"快手号查找→快手排行榜"按钮,便可查看快手账号的排行情况,如图4-27所示。另外,品牌方和商家可以根据自身需要在界面点击对应的行号按钮。操作完成后,便会对对应行业的快手号排行情况进行排列。

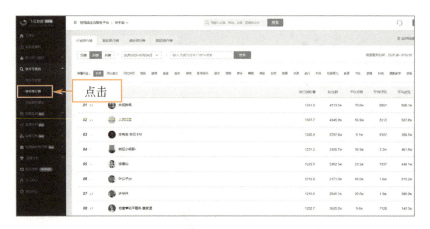

图 4-27 查看快手账号的排行情况

找到对应行业的短视频运营者之后，品牌方和商家还可以对其相关数据进行分析。有需要的，可以与短视频运营者联系，协商合作费用等问题，将"种草"合作确定下来。

2.谁被"种草"

确定谁被"种草"，就是了解产品的精准用户，知道哪些人群才是产品的消费群体。在确定了主要的消费群体之后，运营者还可以在"种草"短视频中指出对应的群体，从而更好地引起相关人群的注意，增强"种草"效果，如图4-28所示。

图 4-28 在短视频中指出"种草"的主要人群

4.5.3　Where：在哪里"种草"？

抖音、快手、B站、淘宝和拼多多都可以进行产品的"种草"，运营者只需根据自身的需求选择合适的平台即可。如果是短视频"种草"，抖音和快手无疑更加适合，毕竟这两个平台聚焦了大量对短视频内容感兴趣的用户。

另外，"种草"的平台是不嫌多的，品牌方、商家和运营者可以同时在多个平台上进行。通常来说，"种草"的平台越多，内容的传播面就越广，推广和促销作用也就越好。

图4-29所示为抖音和快手平台上某款手机的"种草"短视频。可以看到，这两个短视频账号的运营者是同一个人，"种草"内容基本也是一样的。这种方法是比较高效的，因为只要运营者在多个平台上都有账号，便可以同时发布"种草"短视频，起到快速推广和促销产品的作用。

图4-29　快手平台上某款手机的"种草"短视频

4.5.4　Why：为什么要"种草"？

无论做什么事都应该有一个确定的目标或者说是目的，"种草"也是如此。

通常来说，大多数人进行短视频"种草"的目的有两个，即推广产品和促进销售。品牌方、商家和运营者可以先确定目的，然后根据目的来进行"种草"。

1. 推广产品

如果"种草"的目的只是推广产品，那么运营者在制作短视频时，只需对产品，特别是产品的功能或者优势进行展示即可，无须将重点放在销售上面。

图4-30所示为某新型号手机的"种草"短视频。该短视频的"种草"目的就是对新型号的手机进行推广，让更多用户了解该款手机。因此，在该"种草"短视频中，将手机拍摄的画面进行了展示，让用户清楚了解该款手机强大的拍摄功能，以及优质的拍摄效果。

图4-30 某新型号手机的"种草"短视频

2. 促进销售

与推广产品不同，如果进行"种草"的目的是促进销售，那么在"种草"短视频中，运营者需要展示产品的亮点，并且为用户提供便利的购买途径。这样一来，如果短视频内容足够打动用户，用户就会主动购买产品，从而达到销售的目的。

图4-31所示为某豆浆粉的"种草"短视频，不仅对这款豆浆"不结块、好醇香""未添加防腐剂""不添加糖"等亮点进行了展示，而且在短视频中还放置了购买链接。

图 4-31 某豆浆粉的"种草"短视频

当然,很多时候,品牌方、商家和运营者既需要推广产品,也需要促进销售。此时,品牌方、商家和运营者需要做的就是打磨好"种草"短视频的内容,要足够有吸引力。只有如此,才会有越来越多用户被吸引,了解产品的优势,并选择购买。

4.5.5 How:如何进行"种草"?

上面讲的4W更多的是对"种草"的相关信息进行确定,甚至只需做一个规划即可。而"如何进行'种草'?"则需要确定具体的"种草"方法,甚至还要落实。因此,"如何进行'种草'?"也被许多品牌方、商家和运营者认为是制作"种草"短视频的关键一环。

那么,究竟要如何进行"种草"呢?具体的方法有很多,接下来重点介绍其中的3种。

1.大咖推广

大咖就是影响力比较大的知名人士,明星和头部KOL都属于此列。大咖推广可以从两个角度进行,一是直接和大咖进行合作,让其帮忙进行"种草";二是借助大咖的影响力,让产品与大咖产生联系。

图4-32所示为口红的"种草"短视频。该短视频中对多款口红进行了展示，并且还标出了这些口红分别是哪位女明星的同款。很显然，这就是借助大咖的影响力来进行"种草"的。

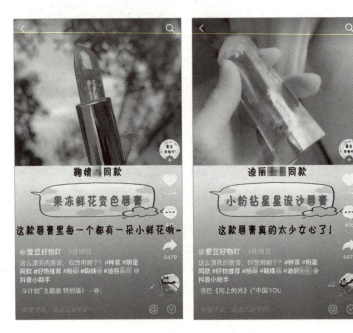

图 4-32　口红的"种草"短视频

2.价格优势

无论何时，用户在购买产品时都会将价格作为主要的参考条件之一。因此，如果"种草"的产品比较便宜，那么运营者便可以在"种草"短视频中强调产品的价格优势，以此来吸引用户的关注。

图4-33所示为某日料自助餐的"种草"短视频。我们都知道，日料的价格通常都比较高，但是，这条短视频中却明确表示这家日料自助餐厅只需要108元，便可以吃到海鲜、刺身拼盘等产品。看到这条短视频之后，许多用户就会被优惠的价格所吸引，前往该店铺进行体验。

3.功能优势

除了价格之外，许多用户还特别关注产品的功能。如果"种草"的短视频具有一些同类产品不具备的功能，或者同时具有多种实用功能，那么用户就会被其功能优势所打动，而选择购买。

图 4-33 某日料自助餐厅的"种草"短视频

图 4-34 所示为某充电宝的"种草"短视频。在该短视频中,运营者通过展示该款充电宝的"自带数据线""能同时给 4 个手机充电"等功能优势来进行"种草"。

图 4-34 某充电宝的"种草"短视频

这些功能对于经常使用充电宝的人群来说，非常实用。因此，用户很容易被其优势打动了。

需要特别注意的是，在进行短视频"种草"时，虽然可以将这些方法结合起来使用，但是在实际操作时一定要有侧重点。如果重点太多，重点也将不再是重点，而且用户也难以接收到短视频中想传达的重点。

第 5 章
卖货：助你轻松玩转直播带货

学前提示

对于广大主播，特别是拥有货源的主播来说，卖货无疑是简单、直接和有效的变现方式。那么，如何更好地进行直播带货呢？这一章就来帮助大家轻松玩转直播带货。

5.1 人货场：直播带货的3大元素

人、货和场是直播带货的3大元素，只要把握好了这3个元素，直播带货的效果通常不会太差。这一节就来具体分析。

5.1.1 人：为产品找到最合适的带货达人

即便是同样的产品，不同的主播一场直播的销售量可能也会呈现出较大的差别。因此，如果品牌方和商家要想提高直播的产品销量，就应该为产品找到相对合适的带货达人。

首先要保证产品和带货达人，或者说主播的定位是贴合的，要适合卖你的产品。举个简单的例子，如果品牌方和商家需要进行带货的是化妆品，那么选择美妆类主播相对来说是比较合适的。如果你选择的是销售生鲜类产品的主播，产品的销量就难以保障了。

其次，选择的主播要有足够多的粉丝，要确保开直播之后，能够吸引足够多的流量，从而让产品的销量更有保障。这一点很好理解，粉丝上百万的主播往往会比粉丝仅为个位数的新主播获得的流量多。

其实，要为产品找到合适的带货达人，还有一种更方便的方法，就是查看直播带货的相关榜单，根据榜单排名进行选择。图5-1所示为飞瓜数据抖音版的界面，品牌方和商家可以点击"直播分析→直播达人榜"按钮。操作完成后，便可以查看抖音直播达人的排行情况。

图5-1 查看抖音直播达人的排行情况

除了与具体的达人合作之外，品牌方和商家还可以与直播机构进行合作，将产品放到某个直播间进行销售。可以在飞瓜数据抖音版的后台中单击"直播分析→直播间带货排行"按钮（图5-2），查看直播间带货的排行情况，并从中选择合适的直播间进行合作。

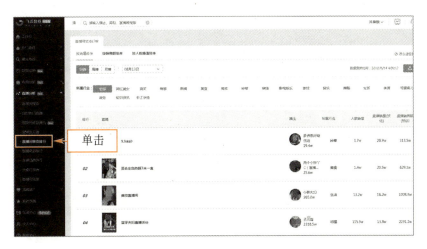

图 5-2　查看抖音直播间带货排行情况

5.1.2　货：任何产品都能找到火爆的路径

只要产品对于用户来说是有用处的，那么产品就具备了销售火爆的条件。而许多产品之所以销量平平，主要就是没有找到合适的销售路径或销售策略。

市面上的产品大致可以分为引流款、畅销款、利润款和特色款，每种类型的产品对应的带货策略都有所不同。接下来分别进行说明。

1. 引流款

引流款就是用来吸引流量的款式。这一类产品的主要作用就是吸引流量，为直播造势。因此，引流款产品的价格一定要对用户有吸引力，让用户觉得物超所值。对此，品牌方和商家可以选择一些生产成本低的产品，或者通过限量补贴销售的方式，在直播间设置引流款。

图5-3所示为某电商平台上的部分产品。可以看到，这些产品的价格都比较低，用户看到之后甚至会觉得不可思议，感觉生产成本可能都比标价要高。毫无疑问，这些产品便适合当成引流款来进行直播销售。

图 5-3　适合作为引流款销售的产品

2. 畅销款

畅销款就是销售量高、受用户欢迎的产品。通常来说，畅销款就是用户普遍需求的产品。在直播的过程中，品牌方和商家可以多提供一些畅销款，用户如果觉得产品比较实惠，并且购买便利，可能就会下单购买。

图5-4所示为某电商平台上的部分食品，这些食品的销量都超过了10万单。因此，这些产品用户的需求量大，是比较适合作为畅销款进行销售的产品。

图 5-4　适合作为畅销款进行销售的产品

3.利润款

利润款就是能够获得比较可观的收入的产品。这类产品通常具有比较大的利润空间，只要销量上去了，其一场直播下来的销售额就会相当可观。对于利润款，品牌方和商家可以适当降低价格，通过压薄利润来获取更多的销量，让产品的价格更具有吸引力。

4.特色款

特色款就是具有一定特色的、甚至是其他地方没有的产品。比较常见的就是一些品牌的原创产品，这些产品往往带有品牌的特色，其他品牌难以进行模仿。特色款之所以能够吸引用户，就在于其自身的独特性。因此，运营者要想打造特色款，就应该让产品变得足够特别。

图5-5所示为某产品的销售界面。该产品为某品牌的原创产品，且图案的制作运用了刺绣工艺。因此，该款产品在用户看来就是比较具有特色的，它可以作为特色款进行直播销售。

图5-5 适合作为特色款进行销售的产品

当然，一款产品要想在保证质量的同时，打造出特色，就需要花费更多的成本。这就意味着产品的价格可能不会低，但是，品牌方和商家还是可以适当控制价格，让用户觉得值得购买。

5.1.3 场：选择更为适合自己的直播平台

目前，直播主要集中在两类平台，一类是电商平台，如淘宝和拼多多等；另一类是短视频平台，如抖音、快手和B站等。通常来说，电商平台上的直播基本上都是卖货直播；而短视频平台上的直播形式则比较多样化，既有偏娱乐性的直播，如才艺展示类直播、游戏类直播和情感类直播等，也有卖货直播。

另外，电商平台上的直播主要以店铺直播为主，很多时候是品牌直播，直播中单纯的就是销售某个品牌或店铺内的产品；而短视频平台上的卖货直播则主要是达人直播，通常来说，那些粉丝量比较多的达人会通过直播卖货进行变现，名气越大的达人，吸引到的流量越多，相对的变现效果通常也会越好。

因此，品牌方、商家和运营者可以根据电商直播和短视频直播各自的特点，决定是在电商平台上进行直播，还是在短视频平台上直播。确定了直播平台类型之后，再来决定具体是在哪个平台上直播。以短视频直播卖货为例，抖音和快手这两个平台观看的用户相对来说比较多，因此这两个平台是不错的选择。

5.2 卖货渠道：各类平台百花齐放

随着网络技术，特别是移动网络技术的发展，直播卖货的渠道变得越来越多，呈现出百花齐放的趋势。例如，主播既可以在某个App上进行直播，也可以借助微信小程序进行直播。

5.2.1 App：直播卖货开始向多元化发展

最初，卖货直播一般只出现在淘宝等老牌电商平台的App中，而随着时间的推移，抖音和快手等短视频平台中也开始出现卖货直播，并且一些成长起来的电商平台也在App上增加了直播卖货功能，如拼多多等。于是，卖货直播的App也开始向多元化发展。时至今日，市面上的直播卖货App可以分为两种，一种是专门的直播卖货App，另一种是带有直播卖货功能的App。

1. 专门的直播卖货App

部分电商平台经过一段时间的发展，已经具备了单独提供直播卖货功能的能力，于是这些电商平台开始开发用于直播卖货的App。

其中，比较具有代表性的就是淘宝平台。淘宝开发了一个专门的直播卖货App——淘宝直播。在该App上会呈现各类直播卖货内容，可以说只要是法律和平台允许销售的产品，便都可以通过该App进行直播销售。图5-6所示为淘宝直播App的相关界面。

图 5-6　淘宝直播 App 的相关界面

2. 带有直播卖货功能的App

有一些短视频平台已经不满足于单纯向用户提供短视频内容了，于是，它们纷纷开发了直播功能。快手就是其中的一个代表。

在快手App中，❶点击三按钮；在弹出的提示框中，❷点击"直播广场"按钮，便可进入某个直播间。而点击直播间的"更多直播"按钮，则可在弹出的提示框中看到部分直播的封面图，如图5-7所示。

虽然短视频App原本是以提供短视频内容为主的，但是，因为其拥有庞大的用户群，所以在这些短视频App上进行直播也可以吸引许多用户的关注。一些头部短视频运营者一场卖货直播甚至可以吸引上千万人次观看，销售额更是

图 5-7 快手 App 的直播功能

可以达到上亿。也正是因为如此，许多主播开始将短视频平台作为自己卖货的重要渠道。

5.2.2 小程序：微信生态的巨大流量红利

小程序是微信生态的重要组成部分，曾一度受到微信的大力扶持。因为背靠微信，所以小程序可以获得来自微信生态的巨大流量红利。再加上小程序作为简化版的 App，具有原 App 的主要功能，且无需下载便可以直接使用。因此，受到许多人的欢迎，很多人衣、食、住、行都用上了小程序。

也正是因为如此，一些 App 也开发了自己的小程序。这样一来，小程序也开始成了一个重要的直播卖货渠道。

以拼多多为例，进入拼多多小程序之后，点击写有"直播中"字样的店铺或者商品，便可以观看直播。如果用户点击的是写有"直播中"字样的店铺，便会进入与该店铺聊天的界面，如图 5-8 所示。

而点击聊天界面中的"直播中"按钮，便可进入该店铺的直播间，如图 5-9 所示。另外，每个直播间的右上方还会有一个显示直播间所属卖货类别的按钮，如"生鲜电商"按钮。点击该按钮之后，界面便会弹出一个包含同类卖货直播封面的提示框，如图 5-10 所示。如果要观看某个直播，只需点击即可。

第5章
卖货：助你轻松玩转直播带货

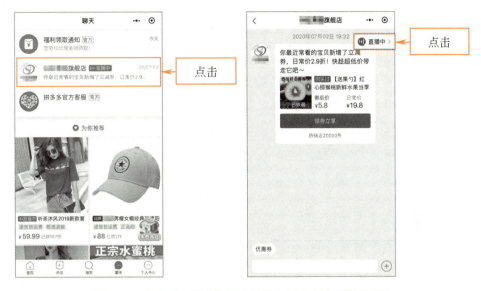

图 5-8　点击"直播中"的店铺进入与该店铺的聊天界面

图 5-9　小程序直播间

图 5-10　弹出同类直播封面提示框

5.3 深挖卖点：用产品撩动用户

对于直播销售行业来说，产品就是核心。主播扮演的主要角色就是产品导购。如何使产品拥有更多用户群体？如何让用户愿意购买产品？这是每一个主播所需要重点关注的问题。本节将向读者介绍如何挖掘产品的卖点，撩动用户的心，让更多用户购买产品。

5.3.1 选好货源：用优质货品持续联接用户

主播在进行产品销售前，要学会对商品进行基本情况的分析，确保货源的质量，了解产品的用户群体，确定所销售的款式有一定的市场需求和市场容量，才可以进行下一步行动。

这样可以保证主播在后续的销售工作中更好地获得经济效益。除此之外，主播只有找到产品用户群体，才可以对他们进行系统、详细的分析，并针对性地进行直播带货。

主播只有有针对性地向用户群体进行产品的介绍、推销工作，才能切中用户的需求，让用户产生购买的行为，从而提高产品的成交率。下文就以服装服饰类产品为例，讲解寻找到优质货源，从而达到持续联接用户目的的方法。

1. 进行产品用户分析

不同的消费者，有着不同的信息关注点，进入直播间的观众，性别、年龄和需求点都存在不同之处，自然他们对于服装的关注重心也会不一样。

例如，同样一件外套，年轻女性会看重它的美观性；而年纪较大的女性会更加关注它的实用性。

这时，主播就要了解用户的年龄等个人情况，从而判断出她们的关注点，分析她们的购物心理，这样在选择货源时，便会有侧重点。图5-11所示为马丁靴的直播。因为展示的马丁靴有一些跟，穿上之后显高，所以主播推荐个子不高的女生买。这其实就是对产品的目标用户分析之后做出的推荐。

图 5-11　主播受众群体的区别

2. 商品款式市场风向

由于服装行业发展迅速，服装款式和风格的更新速度也越来越快。有些款式，上个月可能还是流行趋势，众人争相购买，但是这个月，很可能就已经落伍，没有人愿意去购买了。

对于快销服装品牌来说，需要时刻保持服装款式的新颖、流行化。而对于服装主播来说，则需要考虑市场的风向，让用户觉得你推荐的款式正在流行。

了解市场服装风向之后，主播才可以更好地满足用户的需求。同时，主播也能避免出现好不容易得到一批优质的货源，准备好好在直播间推荐时，产品却已经不再流行，无法吸引粉丝来购买，最终只能低价出售或者留在库存里，形成压箱货的情况。

3. 商品市场容量分析

市场容量指的是在一段时间内、特定区域市场中，某种产品的现实和潜在的市场总需求量。主播在推销一款服装前，需要了解这款服装的市场需求空间以及需求量，根据市场容量来进行服装的选择，才可能有不错的销售额。

如果市面上同类型的服装设计、风格已经饱和，到处都有在卖这款服装的商家，此时主播再跟着购入，那么可能出现两种情况：第一种是竞争太大，无法达到理想的销售额;第二种是这款产品已经不能再刺激消费者购买,产品积压,难以卖出去。

5.3.2 用好卖点:展现优势,提高产品销售额

产品卖点可以理解成产品优势、产品优点或产品特点,也可以理解为自家产品和别人家产品的不同之处。怎么让用户选择自家的货品?和别家的货品相比,自家的竞争力和优势在哪里?都是主播直播卖货过程中要重点考虑的问题。

在观看直播的过程中,用户或多或少会关注产品的某几个点,并在心理上认同该产品的价值。在这个可以成交的时机点上,促使用户产生购买行为的,就是产品的核心卖点。找到产品的卖点,便可以让用户更好地接受产品,并且认可产品的价值和效用,达到产品畅销和建立品牌形象的目的。

因此,对于主播来说,找到产品的卖点,不断地进行强化和推广,通过快捷、高效的方式,将卖点传递给目标用户是非常重要的。

5.3.3 挖掘卖点:最大化呈现出产品价值

主播在直播间进行服装销售时,要想让自己销售的产品获得不错的成交率,就需要满足目标用户的需求点,而满足目标用户的需求点是需要通过挖掘卖点来实现的。

但是,如果在满足目标用户需求的对比中体现不出产品优势,那卖点也不能称之为卖点了。想要使产品最大化呈现出它的价值,主播就需要学会从不同的角度来挖掘服装商品的卖点。

1.结合当今流行趋势挖掘卖点

流行趋势就代表有一群人在追随这种趋势。主播在挖掘服装卖点时,可以结合当前流行趋势,这也一直是各商家惯用的营销手法。

例如,当市面上大规模流行莫兰迪色系的时候,在服装的介绍宣传上就可以通过"莫兰迪色系"这个标签吸引用户的关注,如图5-12所示。

2.从服装的质量角度挖掘卖点

大部分人选择购买服装时,都会考虑服装的质量。质量的好与坏,决定了他是否下单,以及是否愿意再次购买。

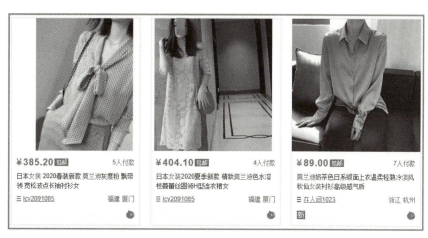

图 5-12　莫兰迪色系服装的卖点挖掘

随着流水线生产模式大规模的发展运行，产品的质量无法得到百分百的保证，导致部分服装商品的质量欠佳，出现褪色或起球等影响穿着效果及穿着时长的问题，使得用户对于服装的质量问题特别关注。

同时，随着社会的不断发展，人们的经济收入增加、消费能力和消费需求增强，在购买产品时会更加追求质感。

用户除了关注服装的实用性、耐用性外，还会考虑能不能让自己穿得自在、舒适和简单。为此，很多的服装品牌、商家展现产品的卖点时，会在体现产品特色的同时，注重质量方面的展现。图5-13所示为商家标明的服装质量卖点。

商品说明

面料的质地轻薄，洋溢着时尚气息。具有舒爽、轻盈的穿着感受。

· 采用具有通透感的雪纺面料制成，适合打造时尚造型。

· 附带内衬，具有令人安心的穿着感受。

· 加入褶裥的设计，有助于呈现优美款型。

· 腰部附带腰带，便于调节松紧度。

· 可解开前身纽扣，将其作为外套穿着。

【面料组成】大身：聚酯纤维100%。内衣：聚酯纤维100%。

【洗涤信息】机洗，使用洗衣网袋

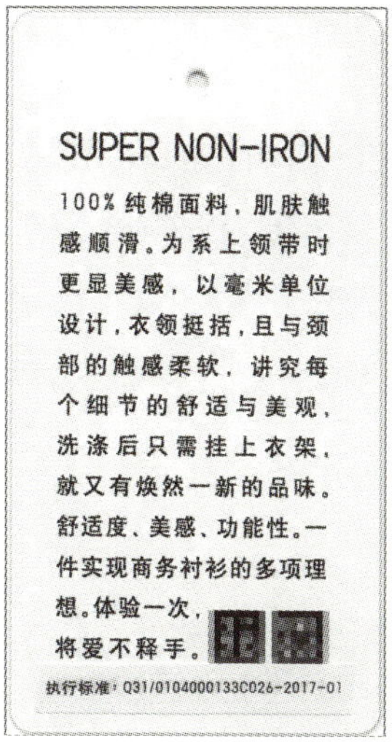

图 5-13　服装质量卖点

所以，主播在挖掘服装的卖点时，可以将商家表明的质量卖点作为重点内容，向用户进行详细的说明。例如，这款衬衫可以体现穿着者的优雅气质，而且不易起皱，不用费时打理；这款裙子质地轻薄，非常轻盈，搭配内衬，不易走光。

3.借助名人效应打造卖点

大众对于名人的一举一动都非常关注，他们希望可以靠近名人的生活，得到心理上的满足。这时，名人同款就成为服装的一个宣传卖点。图5-14所示为部分借助名人效应打造卖点的产品。

图 5-14 借助名人效应打造卖点的产品

名人效应早已在生活中的各方面产生了一定的影响。例如，选用明星代言广告，可以刺激用户消费；明星参与公益活动项目，可以带领更多的人去了解、参与公益。名人效应就是一种品牌效应，可以引起更多人关注。

主播利用名人效应来营造、突出服装的卖点，可以吸引用户的注意力，让他们产生购买的欲望。

平台篇

第6章
抖音：年入上百万的绝佳风口

学前提示

如果问大家目前最好的带货风口在哪里？可能很多人都会说抖音。确实，作为短视频领域的重要代表，抖音为许多人提供了发展契机。只要掌握了方法，运营者完全可以借助抖音实现收入的大幅提高。

这一章就来说说抖音运营的方法，帮助大家更好地实现抖音变现。

6.1 短视频：5大渠道轻松卖货

在抖音短视频中，运营者可以借助5种功能轻松实现卖货，即商品分享功能、商品橱窗功能、抖音小店功能、抖音小程序功能和POI地址认领功能。接下来就对它们进行具体的介绍。

6.1.1 商品分享：提供便捷的购买渠道

对于运营者来说，增加商品的销售量才是关键。而通常来说，要增加商品的销售量，提供便捷的购买方式至关重要。在抖音中，就有一个为用户购买商品提供极大便利的功能，那就是商品分享功能。这一小节将重点对这一功能的相关问题进行解读。

1.基本概念

抖音中的商品分享功能相当于一个超链接，可以通过路径的设置，借助商品分享功能，将用户引导至商品购买页面。如果用户对商品感兴趣，便可点击短视频中分享的商品链接，在抖音中直接购买商品，或者点击"去淘宝看看"按钮，进入淘宝商品详情界面购买商品，如图6-1所示。

图6-1 通过分享的商品链接购买商品

2.开通方法

既然商品分享功能这么重要,那么如何在抖音平台开通呢?具体操作步骤如下。

步骤01 登录抖音短视频平台,进入"我"界面,❶点击该界面中的 ▇ 按钮;在弹出新的菜单栏中,❷点击"创作者服务中心"按钮,如图6-2所示。

步骤02 执行操作之后,进入新的界面,点击该界面中的"商品橱窗"按钮,如图6-3所示。

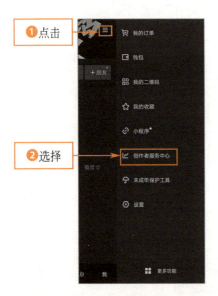

图6-2 点击"创作者服务中心"按钮   图6-3 点击"商品橱窗"按钮

步骤03 执行操作之后,进入"商品橱窗"界面,点击该界面中的"商品分享权限"一栏,如图6-4所示。

步骤04 执行操作之后,进入"商品分享权限"界面,点击"立即申请"按钮,如图6-5所示。

步骤05 操作完成后,进入资料填写界面。在该界面中❶输入手机号、微信号和所卖商品类目等信息;❷点击"提交"按钮,如图6-6所示。

步骤06 操作完成后,如果接下来页面中显示"审核中"就说明商品分享功能申请成功提交了,如图6-7所示。

第6章
抖音：年入上百万的绝佳风口

图 6-4 "商品橱窗"页面

图 6-5 点击"立即申请"按钮

图 6-6 "商品分享功能申请"页面

图 6-7 显示"审核中"

▶ 步骤07 申请提交之后，抖音平台会对申请进行审核，如果审核通过了，便可以收到一条来自购物助手的消息。

3. 开通好处

为什么要开通商品分享功能呢？其中比较直接的好处就是可以拥有商品橱窗和能够通过分享商品挣钱。

125

（1）拥有商品橱窗

开通商品分享功能之后，抖音账号便可以拥有商品橱窗功能。商品橱窗就像是一个开设在抖音上的店铺，运营者可以对商品橱窗中的商品进行管理，而用户则可以点击商品进行购买。对于企业号运营来说，商品橱窗可以说是必须要开通的一个功能。

（2）分享商品挣钱

在抖音平台中，比较直接的一种商品销售方式就是通过分享商品链接，为抖音用户提供一个购买的通道。对于运营者来说，只要商品卖出去了，就能赚到钱。而要想分享商品，就必须要开通商品分享功能。

4.注意事项

商品分享功能审核通过之后，抖音运营者收到的信息中，除了会被告知审核通过之外，还会被告知商品分享功能开通后两个星期之内，必须在商品橱窗中加入商品，否则该权限将被收回。也就是说，运营者开通商品分享功能之后，必须抓紧时间在商品橱窗中添加商品，做好开启抖音电商的准备。如果在限定时间内没有在商品橱窗添加商品，运营者只能再次申请了。

除此之外，商品分享功能开通之后要不时地使用一下，如果超过两个星期未使用，系统将关闭商品橱窗分享。运营者发布视频时，不能使用其他渠道的视频，或是盗用他人的视频，一经发现会被系统关闭商品分享功能。

6.1.2 商品橱窗：向用户集中展示产品

商品分享功能开通成功之后，系统将在抖音账号中提供一个商品橱窗入口。对于企业号运营者来说，商品橱窗就是一个集中分享商品的平台。企业号运营者一定要运用好商品橱窗功能，积极地引导用户进店消费。

1.基本概念

抖音商品橱窗就是抖音短视频App中用于展示商品的一个界面，或者说是一个集中展示商品功能的页面。商品分享功能成功开通之后，抖音账号个人主页界面中将出现"商品橱窗"的入口，如图6-8所示。

另外，初次使用"商品橱窗"功能时，系统会要求开通电商功能。其具体操作为点击个人主页界面中的"商品橱窗"，进入"开通电商功能"界面，如图6-9所示。

图6-8 出现"商品橱窗"的入口

图6-9 "开通电商功能"界面

向上滑动屏幕,阅读协议的相关内容,确认没有问题之后,点击下方的"我已阅读并同意"按钮,如图6-10所示。操作完成之后,如果显示"恭喜你以开通抖音商品推广功能!"就说明电商功能开通成功了,如图6-11所示。

图6-10 点击"我已阅读并同意"按钮

图6-11 电商功能开通成功

2. 橱窗调整

商品分享功能和电商功能开通之后,运营者便可以对商品橱窗的商品进行调整了。通常来说，商品橱窗的商品调整主要可以分为3个部分，即添加商品、删除商品和商品分类。

（1）添加商品

对于运营者来说，在商品橱窗中添加商品非常关键，因为添加商品的任务如果两个星期内没有完成，相关权限就会被收回。运营者可以去商品橱窗添加商品，如果收到一条完成新手任务的消息，就说明添加商品到商品橱窗的任务完成了。那么，如何在抖音商品橱窗中添加商品呢？具体操作如下。

步骤01 登录抖音短视频App，点击个人主页中的"商品橱窗"按钮，进入"商品橱窗"界面。点击界面中的"添加商品"按钮，如图6-12所示。

步骤02 进入"添加商品"界面，在该界面中运营者可以通过搜索或添加商品链接的方式添加商品。以搜索商品进行商品的添加为例，运营者只需点击"搜索商品"按钮即可，如图6-13所示。

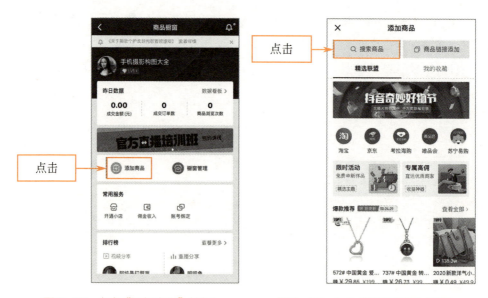

图6-12 点击"添加商品"按钮　　图6-13 点击"搜索商品"按钮

步骤03 在搜索栏中 ① 输入商品名称（如《手机摄影从入门到精通》）进行商品搜索；② 点击对应商品后方的"加橱窗"按钮，如图6-14所示。

步骤04 进入"编辑商品"界面，在界面中输入商品的相关信息，信息编辑完成后点击"完成编辑"按钮，如图6-15所示。

图 6-14 点击"加橱窗"按钮　　图 6-15 点击"完成编辑"按钮

步骤05 操作完成后，会显示"已加入橱窗，您可在发布视频时添加橱窗的商品进行推广"，如图 6-16 所示。

操作完成后，运营者回到图 6-12 所示的"商品橱窗"界面，点击界面中的"橱窗管理"按钮，便可进入"商品橱窗管理"界面。如果该界面中出现刚刚添加的商品，就说明商品添加成功了，如图 6-17 所示。

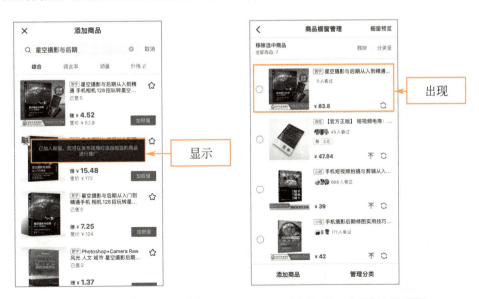

图 6-16 显示"已加入橱窗"　　图 6-17 出现添加的商品

(2)删除商品

当商品橱窗中的商品没货了,或者觉得某些商品不适合再销售时,运营者就需要进行删除商品的操作了。删除商品橱窗中的商品的具体操作步骤如下。

步骤01 登录抖音短视频App,进入"商品橱窗管理"界面,❶勾选商品;❷点击"移除"按钮,如图6-18所示。

步骤02 操作完成后,弹出"移除商品"对话框,点击对话框中的"确定"按钮,如图6-19所示。

图6-18 点击"移除"按钮

图6-19 点击"确定"按钮

步骤03 操作完成后,进入"商品橱窗管理"界面,如果界面中不再显示刚刚进行移除操作的商品,就说明商品移除成功了。

(3)商品分类

当添加的商品比较多时,为了对商品进行有序的管理,运营者可以进行商品分类管理。在抖音商品橱窗中,商品分类管理的具体操作如下。

步骤01 添加商品时,运营者可以在"编辑商品"界面中,点击"选择分类"按钮,如图6-20所示。

步骤02 操作完成后,进入"分类至"界面。运营者可以通过两种方式在该界面中进行商品的分类操作。一种是❶勾选已有的类别；❷点击"完成"按钮，如图6-21所示，操作完成后便可完成商品的分类；另一种是点击"新建分类"按钮，将商品分至新增的类别。接下来对这种分类方式的具体步骤进行说明。

图6-20 点击"选择分类"按钮　　图6-21 点击"新建分类"按钮

> **步骤03** 操作完成后，界面中将弹出"商品分类"对话框。在对话框中❶输入商品类别名称，如"无人机摄影"；❷点击"确定"按钮，如图6-22所示。

> **步骤04** 操作完成后，返回"分类至"界面，系统将自动选择刚刚新建的商品类别，点击"完成"按钮，如图6-23所示。

> **步骤05** 进入"商品橱窗管理"界面，点击界面中的"管理分类"按钮，如图6-24所示。

> **步骤06** 进入"管理分类"界面，点击商品刚加入的类别，即"无人机摄影"，如图6-25所示。

> **步骤07** 操作完成后，进入该类别界面，即可看到刚分类的商品的封面、标题等信息，如图6-26所示。至此，商品分类便完成了。

图 6-22 点击"确定"按钮

图 6-23 点击"完成"按钮

图 6-24 点击"管理分类"按钮

图 6-25 "管理分类"界面

图 6-26　对应商品类别界面

6.1.3　抖音小店：在站内即可完成购物

抖音为什么要做抖音小店？官方给出的解释是：为自媒体运营者提供变现工具，拓宽内容变现的渠道。对于运营者来说，通过添加别人淘宝店铺的商品，虽然可以获得一定的收益，但是，这个比例通常是比较低的。而且在这种模式之下，自媒体运营者也很难进行变现。

而如果开通了抖音小店，自媒体运营者便可以打造属于自己的抖音电商销售平台，快速获得一定的收益。除此之外，对于用户来说，来自抖音小店的商品购买也更加便捷。

自媒体运营者可以在短视频中插入商品链接，如果短视频中插入的是抖音小店的商品链接，那么用户点击便会进入商品详情界面，如图 6-27 所示。

而点击商品详情界面中的"立即购买"按钮，便可进入商品选择界面，如图 6-28 所示。商品选择完成后，点击下方的"确定"按钮，即可进入"确认订单"界面，如图 6-29 所示。用户只需在该界面中填写收货信息，并支付对应的金额，便可直接在抖音短视频 App 中完成下单操作。

如果商品是来自淘宝等其他电商平台，那么，用户要购买该商品，还需跳转至该电商平台。如果没有该电商平台的账号，还需要进行注册等操作。相比之下，抖音小店中的商品能通过抖音直接购买，就便利多了。

短视频+直播带货一本通
抖音+快手+B站+淘宝+拼多多

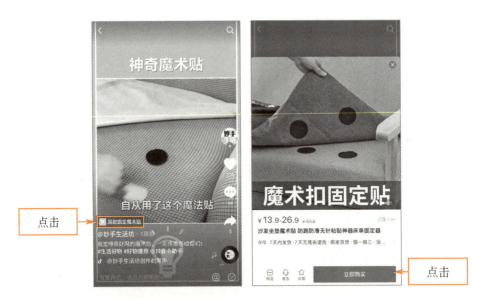

图 6-27　点击商品链接进入商品详情界面

图 6-28　商品选择界面

图 6-29　"确认订单"界面

6.1.4　抖音小程序：增加产品销售渠道

对于运营者来说，销售渠道越多，产品的销量就会越有保障。而随着抖音小程序的推出，运营者便相当于多了一个产品的销售渠道。也正是因为如此，玩转抖音小程序至关重要。

1.基本概念

抖音小程序实际上就是抖音短视频内的简化版App，和微信小程序相同，抖音小程序具备了一些原App的基本功能，无需另行下载。用户只要在抖音短视频App中进行搜索，并点击进入便可直接使用。

和大多数电商平台相同，抖音小程序中可以直接销售商品。用户进入对应小程序之后，选择需要购买的商品，并支付对应的金额，便可以完成下单。除此之外，运营者还可以通过设置，让自己的抖音小程序可以被分享，从而为用户的购物提供便利。

2.如何使用

抖音小程序对于用户来说无疑是至关重要的，那么，如何入驻抖音小程序呢？运营者需要先获得字节跳动小程序开发者平台权限。具体来说，可以通过如下操作获得开发者平台权限。

● 步骤01 进入字节跳动小程序开发者平台的默认界面，单击界面右上方的"进入开发者平台"按钮，如图6-30所示。

● 步骤02 操作完成后，弹出"快捷登录"对话框，在对话框中❶根据自己的实际情况输入信息；❷勾选"我已阅读并同意用户协议"复选框；❸单击"登录"按钮，如图6-31所示。

图6-30 点击"进入开发者平台"按钮

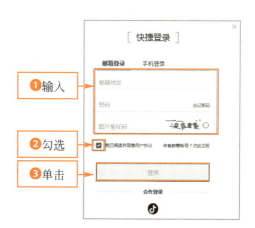

图6-31 "快捷登录"界面

步骤03 操作完成后，进入"设置用户名"对话框，在界面中❶输入开发者用户名；❷单击"确认"按钮，如图6-32所示。

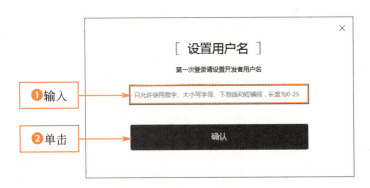

图6-32 "设置用户名"界面

步骤04 操作完成后，进入"申请创建"界面，单击界面中的"申请"按钮，如图6-33所示。

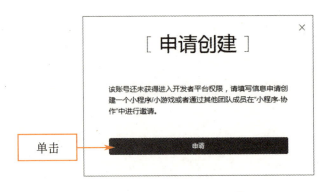

图6-33 "申请创建"界面

步骤05 操作完成后，进入申请资料填写界面，在该界面中填写相关信息，并单击"申请"按钮，如图6-34所示。

申请提交之后，只需等待审核即可。审核通过之后，运营者便可获得字节跳动小程序开发者平台权限。获得权限之后，便拥有了初步的入驻资格。接下来，只需对抖音小程序进行设计和开发，并上传和发布内容，便可以实现抖音小程序的入驻了。

图 6-34　申请资料填写界面

6.1.5　POI地址认领：将线上流量引到线下

POI是Point of Interest的缩写，中文可以翻译为"兴趣点"。店铺可以认领POI地址，认领成功后，即可在短视频中插入店铺位置链接（也就是"兴趣点"），用户点击该链接，便可了解店铺的相关信息，如图6-35所示。

图 6-35　插入 POI 地址的店铺

该功能对于经营线下实体店的运营者来说，可谓是意义重大。运营者如果设置了POI地址，用户便可以在店铺信息界面中看到店铺的位置，点击该位置，借助导航功能，可以很方便地找到店铺。

当然，POI地址功能虽然是一个将抖音流量引至线下的实用工具，但引流的效果还得由短视频获得的流量来决定。因此，打造吸引用户的短视频，还是该功能发挥功效的基础。

6.2 直播：实现产品的自发传播

抖音开通直播功能的首要目的毫无疑问是获取用户，如果没有用户，就谈不上运营。开通直播功能可以为产品注入自发传播的基因，从而促进应用的引流、分享、拉新和变现。从"自传播"到再次获取新用户，形成一个螺旋式上升的轨道。

6.2.1 开通直播：方法其实很简单

在抖音平台中，如果要实现变现，一定要用好视频和直播。而相比于视频，直接面对用户的直播更受欢迎。因此，如果运营者和主播能够做好抖音直播，就能获得惊人的"吸金"能力。

抖音直播变现的基础是开通抖音直播变现功能。运营者只需进行实名认证即可。实名认证完成后，抖音平台发来系统通知，告知你已获得开通直播的资格，就说明你获得了抖音直播权限，如图6-36所示。

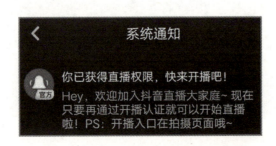

图6-36 获得开通抖音直播的系统通知

6.2.2 开播流程：简单介绍具体步骤

对于运营者来说，抖音直播可谓是促进商品销售的一种直接而又重要的方式。那么，究竟要如何开抖音直播呢？下面，就对开直播的方法流程进行简单的说明。

● 步骤01 登录抖音短视频App，进入视频拍摄界面，点击界面中的"开直播"按钮，如图6-37所示。

● 步骤02 操作完成后即可进入"开直播"界面，在界面中❶设置直播封面、标题等信息；❷点击"商品"按钮，如图6-38所示。

图 6-37　视频拍摄界面　　　　图 6-38　直播设置界面

● 步骤03 进入"添加商品"界面，点击商品后方的"添加"按钮，将商品添加至直播间，如图6-39所示。

● 步骤04 进入"直播商品"界面，❶勾选需要在直播间销售的商品；❷点击"添加"按钮，如图6-40所示。

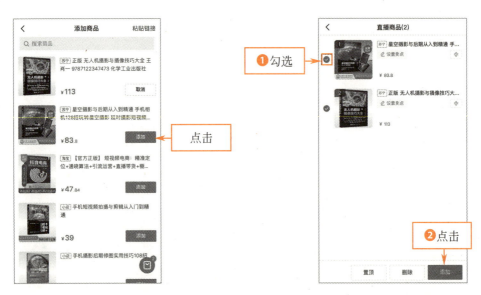

图 6-39 点击"商品"按钮　　　　图 6-40 点击"添加"按钮

> **步骤05** 操作完成后,返回"直播设置"界面,此时"商品"所在的位置会显示添加的商品数量。确认无误后,点击"开始视频直播"按钮,如图 6-41 所示。

> **步骤06** 操作完成后,进入直播倒计时。完成倒计时后,便可进入直播界面,如图 6-42 所示。

图 6-41 点击"开始视频直播"按钮　　　　图 6-42 进入直播界面

6.2.3 专业直播间：可以这样来打造

运营者和主播在运营抖音直播的过程中，一定要注意视频的内容规范，切不可逾越雷池，以免辛苦经营的账号被封。另外，在打造直播内容、产品或相关服务时，运营者要遵守相关法律法规，只有合法的内容才能得到承认，才可以在互联网中快速传播。

1.建立更专业的直播室

运营者和主播要建立一个专业的直播空间，主要需要做好以下几个方面的工作。

① 直播室要有良好稳定的网络环境，保证直播时不掉线和卡顿，不影响用户的观看体验。如果是在室外直播，建议选择无限流量的网络套餐。

② 购买一套好的电容麦克风设备，给用户带来更好的音质效果，同时也将自己的真实声音展现出来。

③ 购买一个好的手机外置摄像头，让直播效果更加高清，给用户留下更好的外在形象，当然也可以通过美颜等效果来给自己的颜值加分。

④ 准备桌面支架、三脚架、补光灯、直播声卡及高保真耳机等设备。例如，补光灯可以根据不同的场景调整画面亮度，具有美颜和亮肤等作用。直播声卡可以高保真收音，无论是高音或低音都可以还原更真实，让你的声音更加出众。

2.设置一个吸睛的封面

抖音直播的封面设置得好，能够为各位主播吸引更多的用户。目前，抖音直播平台上的封面都是以主播的个人形象照片为主，背景以场景图居多。抖音直播封面没有固定的尺寸，不宜过大也不要太小，只要是正方形等比都可以，但画面要做到清晰美观。

3.选择合适的直播内容

目前，抖音直播的内容以音乐、美妆、美食和游戏等为主，不过也有一些其他类型的直播内容。抖音的直播内容，都是根据社区文化衍生出来的，而且也比较符合抖音的产品气质。

在直播内容创业中，以音乐为切入点可以更快地吸引用户的关注，在更好地传播音乐的同时，也可以让主播与用户享受到近距离接触的快感。

6.3 引流推广：轻松获取抖音流量

互联网变现的公式是：流量=金钱。因此只要你有了流量，变现就不再是难题。而如今的抖音，就是一个坐拥庞大流量的平台。运营者和主播可以运用一些小技巧，从抖音引流到自己的抖音号，在抖音平台中拥有自己的流量池。

6.3.1 DOU+：直接买推荐量引流

DOU+上热门功能，是一种给短视频加热，让更多用户看到短视频的功能。其实质就是运营者通过向抖音平台支付一定的费用，花钱买热门，提高短视频的传播率。在抖音短视频App中，有两种使用DOU+作品推广功能的方法，即在"我"界面和在视频播放界面使用。接下来将分别进行简单的说明。

1.在"我"界面中使用

在个人主页中使用DOU+上热门功能的步骤具体如下。

步骤01 登录抖音短视频App，进入"我"界面。❶点击界面中的 按钮；❷在弹出的对话框中点击"更多功能"按钮，如图6-43所示。

步骤02 操作完成后进入新页面，点击该页面中的"上热门"按钮，如图6-44所示。

步骤03 操作完成后，进入"DOU+上热门"界面。在该界面中选择需要推广的短视频，点击其下方的"上热门"按钮，如图6-45所示。

步骤04 操作完成后，进入DOU+上热门设置界面，如图6-46所示。在该界面中，运营者可以查看被推广视频的相关信息和DOU+上热门的预期效果等。运营者只需点击下方的"支付"按钮，支付相应的费用，就可以将短视频推上热门，提高其传达率。

图 6-43 点击"更多功能"按钮

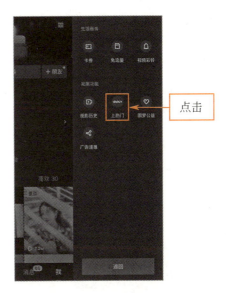

图 6-44 点击"上热门"按钮

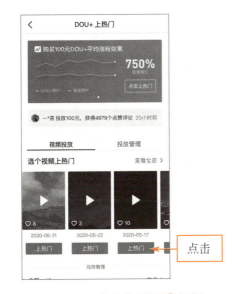

图 6-45 点击"上热门"按钮

图 6-46 DOU+作品推广界面

2.在视频播放界面中使用

除了在"我"界面中使用之外，DOU+上热门功能还能在视频播放页使用，具体步骤如下。

→ 步骤01 打开需要推广的短视频，点击界面中的 ⋯ 按钮，如图6-47所示。

→ 步骤02 操作完成后，界面中将弹出一个对话框，点击对话框中的"上热门"按钮，如图6-48所示。

图6-47 点击 ⋯ 按钮　　　图6-48 点击"上热门"按钮

→ 步骤03 操作完成后，进入"DOU+上热门"界面。运营者只需根据提示支付对应的费用，便可以借助DOU＋上热门功能对短视频进行推广了。

6.3.2　内容互动：抖音评论区引流

　　许多用户在看抖音视频时，会习惯性地查看评论区的内容。用户如果觉得视频内容比较有趣，还可以通过@抖音账号，吸引其他用户前来观看。因此，如果评论区利用得当，可以起到不错的引流效果。

　　抖音视频文案中能够呈现的内容相对有限，有的内容需要进行一些补充。此时，运营者便可以通过评论区的自我评论来进一步进行表达。另外，在短视频刚发布时，看到的用户不是很多，也不会有太多用户进行评论。如果此时运营者进行自我评论，也能从一定程度上起到提高视频评论量的作用。

　　除了自我评价补充信息之外，运营者还可以通过回复评论解决用户的疑问，引导用户的情绪，从而提高产品的销量。

回复抖音评论看似是一件再简单不过的事，实则不然。为什么这么说呢？这主要是因为评论时还有一些需要注意事项，具体如下。

1. 第一时间回复评论

运营者应该尽可能在第一时间回复用户的评论，这主要有两个方面的好处。一是能够让用户感觉到你对他很重视，这样自然能增加用户对你和你的抖音账号的好感；二是能够从一定程度上增加短视频的热度，让更多用户看到你的短视频。

那么，如何做到第一时间回复评论呢？其中一种比较有效的方法就是在短视频发布的一段时间内，及时查看用户的评论。一旦发现有新的评论，便在第一时间快速作出回复。

2. 不要重复回复评论

对于相似的问题，或者同一个问题，运营者最好不要重复进行回复，这主要有两个原因。一是很多抖音用户的评论中或多或少会有一些营销的痕迹，如果重复回复，整个评价界面便会看到很多广告痕迹，会让用户产生反感情绪。

二是相似的问题，点赞相对较高的问题会排到评论的靠前位置，运营者只需回复点赞较高的问题，其他有相似问题的用户自然就能看到，而且还能减少评论的回复工作量，节省大量的时间。

3. 注意规避敏感词语

对于一些敏感的问题和词语，运营者在回复评论时一定要尽可能地进行规避。当然，如果避无可避也可以采取迂回战术，如不对敏感问题作出正面的回答、用一些意思相近的词语或用谐音代替。

6.3.3 搭建团队：用账号矩阵引流

抖音矩阵就是通过多个账号的运营进行推广，从而增强营销的效果，获取稳定的流量池。抖音矩阵可分为两种，一种是个人抖音矩阵，即某个抖音运营者同时运营多个抖音号，组成营销矩阵；另一种是多个具有联系的抖音运营者一个矩阵，共同进行营销推广。

例如，"代古拉K"便是借助抖音矩阵打造了多个账号，且每个抖音号都拥有一定数量的粉丝，如图6-49所示。

图 6-49 "代古拉 K"的抖音矩阵打造

6.3.4 SEO：通过优化搜索引流

SEO是Search Engine Optimization的英文缩写，中文译为"搜索引擎优化"。它是指通过对内容的优化获得更多流量，从而实现自身的营销目标。所以，说起SEO，许多人首先想到的可能就是搜索引擎的优化，如百度平台的SEO。

其实，SEO不只是搜索引擎独有的运营策略。抖音短视频同样是可以进行SEO优化的。比如，我们可以通过对抖音短视频的内容运营，实现霸屏，从而让相关内容获得快速传播。

抖音短视频SEO优化的关键就在于视频关键词的选择。而视频关键词的选择又可细分为两个方面，即关键词的确定和使用。

1. 视频关键词的确定

用好关键词的第一步就是确定合适的关键词。通常来说，主要有以下两种方法。

（1）根据内容确定关键词

什么是合适的关键词？它首先应该是与抖音号的定位以及短视频内容相关的。否则，用户即便看到了短视频，也会因为内容与关键词不对应而直接滑过，这样一来，选取的关键词也就没有太多价值了。

（2）通过预测选择关键词

用户在搜索时所用的关键词可能会呈现阶段性的变化。具体来说，许多关键词都会随着时间的变化而具有不稳定的升降趋势。因此，运营者在选取关键词之前，需要预测用户搜索的关键词。下面从两个方面介绍如何预测关键词。

社会热点新闻是人们关注的重点，当社会新闻出现后，会出现一大波新的关键词，搜索量高的关键词就叫热点关键词。

运营者不仅要关注社会新闻，还要会预测热点，抢占最有力的时间预测出热点关键词，并将其用于抖音短视频中。下面介绍一些预测社会热点关键词的方向，如图6-50所示。

预测社会热点关键词
- 从社会现象入手，找少见的社会现象和新闻
- 从用户共鸣入手，找大多数人都有过类似状况的新闻
- 从与众不同入手，找特别的社会现象或新闻
- 从用户喜好入手，找大多数人感兴趣的社会新闻

图6-50　预测社会热点关键词

除此之外，即便搜索同一类物品，用户在不同时间段选取的关键词仍会有一定的差异性。也就是说，用户在关键词的选择上会呈现出一定的季节性。因此，运营者需要根据季节性，预测用户搜索时可能会选取的关键词。

值得一提的是，关键词的季节性波动比较稳定，主要体现在季节和节日两个方面，如用户在搜索服装类内容时，可能会直接搜索包含四季名称的关键词，如春装、夏装等。

季节性的关键词预测还是比较容易的，运营者还可以从以下方面进行预测，如图6-51所示。

预测季节性关键词
- 节日习俗，如摄影类可以围绕中秋月亮、端午粽子等
- 节日祝福，如新年快乐、国庆一日游等
- 特定短语，如中秋吃月饼、冬至吃饺子等
- 节日促销，如春节大促销、大减价等

图6-51　预测季节性关键词

2. 视频关键词的使用

在添加关键词之前，运营者可以通过查看朋友圈动态、微博热点等方式，抓取近期的高频词语，将其作为关键词嵌入抖音短视频中。

需要特别说明的是，运营者统计出近期出现频率较高的关键词后，还需了解其来源和意义，只有这样才能让关键词用得恰当。

除了选择高频词语之外，运营者还可以通过在抖音号介绍信息和短视频文案中增加关键词使用频率的方式，让内容尽可能地与自身业务直接联系起来，给用户一种专业的感觉。

6.3.5 互推：借助@功能来引流

互推就是相互推广的意思。大多数抖音号在运营过程中，都会获得一些粉丝，只是许多运营者的粉丝量可能并不是很多。此时，可以通过与其他抖音号进行互推，让更多用户看到你的抖音号，从而提高传播范围，让抖音号获得更多的流量。

在抖音平台中，互推的方法有很多，其中比较直接有效的一种方式就是在视频文案中互相@，让用户看到相关视频之后，就能看到互推的账号。

图6-52所示为抖音号"祝×晗"和"老丈人说车"发布的两条视频，它们

图 6-52 账号互推

就是通过使用@功能来进行互推的。再加上这两个抖音号的运营者是父女关系。因此，这两个账号之间具有很强的信任度，互推的频率也可以进行把握，通常能获得不错的引流效果。

6.4 带货变现：打造爆款带货视频

抖音短视频平台起初的定位就是一个用户分享短视频的平台，而大多数用户之所以登录抖音，就是希望能看到有趣的短视频。正是因为如此，短视频成了抖音带货的主要载体，如果能够利用好，就能让产品获得不错的销量。

那么，如何利用抖音短视频进行带货呢？这一节将重点对5种抖音短视频的带货技巧进行解读。

6.4.1 异性相吸：转换角度找到新用户群

男性和女性看待同一个问题的角度有时候会有一些差异，可能某一事物对男性来说并没有多大的吸引力，但却能让女性尖叫。善用异性相吸的原则，可以在增强内容针对性的同时，提高对目标用户的吸引力。

抖音短视频中异性相吸原则的使用，通常就是以真人出镜，用短视频中的美女吸引男性用户，或者用短视频中的帅哥吸引女性用户。采用这种方式通常能获得不错的流量，但是，如果短视频中产品自身的吸引力不够，销量还是难以保障。

除了上面这种方式之外，还有另一种异性相吸，那就是让用户购买异性才会用到的产品。这种异性相吸原则的使用，关键就在于让用户看到产品对异性的价值，以及异性在收到礼物之后的反应。如果用户觉得产品对异性朋友来说很有用处，或者送出该产品能暖到异性的心，那么，自然会愿意购买。

图6-53所示为某产品的营销短视频。可以看到该短视频就是采用异性相吸原则，将产品打造成男性送给女朋友的优质礼物来促进产品销售。

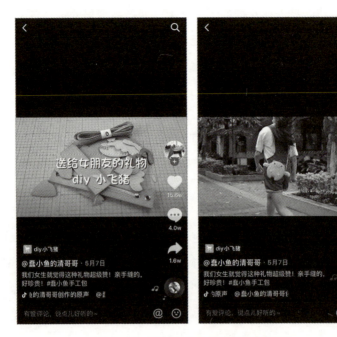

图6-53 采用异性相吸原则营销产品

6.4.2 刺激目标：让用户看到自己的需求

一款产品要想获得较为可观的销量，必须刺激用户的需求，让用户在看到产品的价值之后，愿意花钱进行购买。

我们经常可以看到一些整体差不多的产品，不同店铺的销量却出现比较大的差异。这是为什么呢？当然，这可能与店铺的粉丝量有一定的关系。那么有的店铺粉丝量差距也不大，销量差异却比较大，又是什么原因呢？

其实，一款产品的销量，还会很大程度上受到店铺宣传推广的影响。如果抖音电商运营者能够在短视频中刺激目标用户的需求，产品的销量自然会更有保障。

那么，怎么刺激目标用户的需求呢？关键就在于通过短视频的展示，让用户看到产品的用处，觉得这款产品确实是值得购买的。

图6-54所示为某产品的短视频，就是通过产品购买之后，孩子不再抢家长的手机来刺激家长的需求。

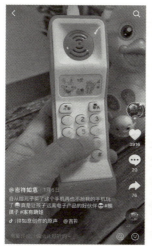

图 6-54　刺激目标受众需求的短视频

6.4.3　软化植入：将硬广告变成产品推荐

越来越多人开始对广告，特别是硬广告产生抵触情绪。部分用户在看到硬广告之后，不仅不会有购买产品的意愿，甚至还会因为厌恶，直接拉黑推出硬广告的品牌，决心不再购买。

其实，硬广告无非就是营销，同样是营销，如果换一种方式，取得的效果可能会大有不同。比如，运营者可以从好物推荐的角度进行营销，让用户看到产品的用处，从而进行购买。图 6-55 所示为好物推荐类短视频的案例。

图 6-55　好物推荐类短视频

6.4.4 点出用户：针对核心受众群体营销

虽然目标用户基数越大，接收信息的人数可能就会越多。但这并不代表获得的营销效果就一定会越好。

为什么这么说呢？因为购买产品的只是那些对产品有需求的受众群体，如果运营者没有针对有需求的用户群体进行营销，而是花大量时间进行广泛宣传，那么，很可能会因为对核心受众群体把握不准而难以达到预期的营销效果。

与其将产品进行广泛宣传，一味地扩大产品的受众群体，倒不如对产品进行分析，找出核心受众群体，然后针对核心受众群体进行营销。这不仅能够增强营销的针对性，也能让核心受众群体一眼就看到该产品对自己的用处。

图6-56所示为点出核心受众群体的短视频案例，这两条短视频就是通过点出"微胖女生"和"全职宝妈"这两个群体，来吸引核心受众的关注的。

图 6-56 点出核心受众群体的短视频

6.4.5 预售"种草"：先为产品做好预热工作

在产品还未正式上线时，许多商家都会先通过预售"种草"，提高目标消费群体的关注度。在抖音中，运营者和主播也可以通过预售"种草"形式促进产品的推广。

抖音短视频主要由画面和声音两个部分组成，运营者可以针对这两个部分分别进行预售"种草"。画面部分，可以让预售的相关文字出现在画面中，如图6-57所示；声音部分，可以通过口播的方式向用户传达产品信息，增强产品的吸引力，实现预售"种草"。

某短视频中是以1折秒杀的优惠进行预售的，优惠力度相对来说比较大，如图6-58所示。因此，当用户在看到这个短视频时，会认为此时下手购买景区门票是比较划得来的。

图6-57 通过文字进行预售"种草"

图6-58 以优惠折扣进行预售"种草"

第7章
快手：KOL带货变现绝佳途径

学前提示

　　快手是短视频领域的早期霸主，时至今日，它也还是处于短视频领域的领先位置。也正是因为如此，快手吸引了许多人入驻，成了KOL带货变现的绝佳途径。

7.1 短视频：做好定位，选好内容

作为一个拥有庞大用户量的短视频平台，快手吸引了大量运营者入驻。也正是因为如此，一条短视频、一个账号要想在快手上脱颖而出变得越来越难。这也要求账号运营者做好账号定位，并在定位的基础上利用内容生产技巧更好地打造短视频。只有这样，才能获得更多精准用户的关注，从而更好地将短视频中的产品卖出去。

7.1.1 账号定位：找准自身运营方向

快手号定位就是为快手号的运营确定一个方向，为内容发布指明方向。确定方向之后，运营者便可以根据定位生产内容，并在短视频中销售与定位相符的产品。那么，如何进行快手号的定位呢？可以从4个方面进行思考，这一节就来分别进行解读。

1. 专长定位

根据自身专长做定位是一种直接和有效的定位方法。快手账号运营者只需对自己或团队成员进行分析，然后选择某个或某几个专长，进行账号定位即可。

例如，"小静静爱唱歌"是一位拥有动人嗓音的歌手，她将自己的账号定位为音乐作品分享类账号。她通过该账号重点分享了一些原创歌曲和当下一些热门歌曲的短视频。

又如，"代古拉K"擅长舞蹈，拥有曼妙的舞姿。因此，她将自己的账号定位为舞蹈作品分享类账号。在这个账号中，"代古拉K"分享了大量舞蹈类短视频。这些作品也让她快速积累了大量粉丝。

自身专长包含的范围很广，除了唱歌、跳舞等才艺之外，还包括其他诸多方面，就连游戏玩得出色也是自身的一种专长。

例如，游戏《王者荣耀》有一名叫"张大仙"的主播，便将快手号定位为该游戏视频分享的账号，并命名为"荣耀张大仙"。图7-1所示为其发布的快手短视频。

不难看出，只要运营者或团队成员拥有专长，专长的相关内容又是比较受

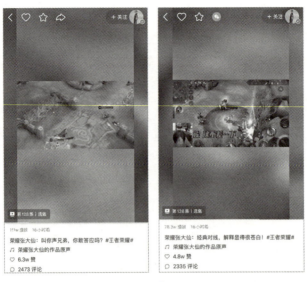

图 7-1 "荣耀张大仙"发布的快手短视频

关注的,那么将其作为账号的定位,便是一种不错的定位方法。

2.内容定位

运营者可以从快手中相对稀缺的内容出发,进行账号定位。例如,快手号"哈尔的移动城堡 /"就是定位为分享宠物日常的账号,在短视频中主人还为宠物配音,让短视频充满了幽默感。图7-2所示为该账号发布的相关短视频。

图 7-2 "哈尔的移动城堡 /"发布的相关快手短视频

像这种专门做宠物配音内容的快手号本身就是比较少的，具有一定的稀缺性。特别是动物的拟人化，受到了诸多用户的喜欢，许多人看到这一类视频之后，就会觉得宠物特别可爱。

3. 需求定位

通常来说，用户有需求的内容会更容易受到欢迎。因此，结合用户的需求和自身专长进行定位也是一种不错的定位方法。

大多数女性都有化妆的习惯，但又觉得自己的化妆水平还不太高。因此，这些女性通常都会对美妆类内容比较关注。在这种情况下，运营者如果对美妆内容比较擅长，那么将账号定位为美妆号就比较合适了。

例如，"认真少女_颜九"本身就是入驻微博等平台的美妆博主，再加上许多用户对美妆类内容比较感兴趣。因此，她入驻快手之后，便将账号定位为美妆类账号，并持续为快手用户分享美妆类内容。

除了美妆之外，用户普遍需求的内容还有很多，美食制作便是其中之一。许多用户，特别是比较喜欢做菜的用户，通常会从快手中寻找一些新菜色的制作方法。因此，如果运营者自身就是厨师，或者会做的菜色比较多，又特别喜欢制作美食，那么，将账号定位为美食制作分享账号就是一种很好的定位方法。

快手号"贫穷料理"是一个定位为美食制作分享的账号。在该账号中，通过视频将一道道菜肴从选材到制作的过程全面呈现，如图7-3所示。因为对制作

图7-3 "贫穷料理"发布的短视频

过程进行了比较详细的展示，再加上许多菜色都是用户想要亲自制作的，因此，内容获得了大量播放和点赞。

4.品牌定位

相信大家一看标题就明白，这是一个快手企业号的定位方法。许多企业和品牌在长期的发展过程中已经形成了自身的特色。此时，如果根据这些特色进行定位，通常会获得用户的认同。

根据品牌特色做定位又可以细分为两种方法。一是以能够代表企业的物象做账号定位；二是以企业或品牌的业务范围做账号定位。

"三只松鼠"就是一个以品牌形象代表企业的物象做账号定位的快手号。这个快手号会经常分享一些短视频，短视频中将"三只松鼠"的卡通形象作为主角来打造，如图7-4所示。

图 7-4　三只松鼠发布的视频

熟悉"三只松鼠"的人都知道，这个品牌的卡通形象和LOGO就是视频中的这三只松鼠。因此，"三只松鼠"的短视频便具有了自身的品牌特色，而且这种通过卡通形象进行的表达更容易被人记住。

7.1.2　内容选择：找到上热门的方法

运营者制作的短视频如果上了热门，便可以获得更多流量，而随着流量的增加，短视频的带货变现效果也将不断增强。那么，到底什么样的短视频可以成为热门呢？本小节将介绍快手短视频上热门的常见技巧。

1.积极乐观，传达能量

运营者在短视频中要体现出积极乐观的一面，向用户传达正能量。接下来从3个方面结合具体案例进行解读，让大家了解什么样的内容才是正能量的内容。

（1）好人好事

好人好事包含的范围很广，它既可以是见义勇为，伸张正义，也可以是拾金不昧，还可以是看望孤寡老人，慰问环卫工人，如图7-5所示。

图7-5 做好人好事的短视频

用户会从那些做好人好事的短视频中看到善意，感觉到这个社会的温度。同时，这类短视频很容易触及用户柔软的内心，让其看到后忍不住想要点赞。

（2）文化内容

文化内容包含书法、乐趣和武术等。这类内容在快手中具有较强的号召力。如果运营者有文化内容方面的特长，可以用短视频的方式展示给用户，让其感受到文化的魅力。

（3）努力拼搏

看到短视频中那些努力拼搏的身影时，会感受到满满的正能量，这会让用户在深受感染之余，从内心产生一种认同感。因此，通常会获得较高的点赞量。

2. 设计剧情，增加反转

快手短视频中的反转，往往能让人眼前一亮。运营者在拍摄和制作这类短视频时要打破惯性思维，使用户在看开头时猜不透结局。当用户看到最终结果时，便会豁然开朗，忍不住为其点赞。

例如，一位女士在闺蜜面前看着好像什么都不在乎似的。闺蜜向她借口红涂一下，她并没有因为这是私人用品就不借，而是说随便拿；闺蜜借了钱没还，她说没关系，不用还了；闺蜜抢了她的男朋友，她非但不生气，还祝他们百年好合。看到这位女士的表现之后，许多人都会觉得她很好说话。毕竟上面几件事无论是哪一件发生在自己身上，都会有一些生气，但这位女士却满不在乎。

然而谁也没有想到的是，当这位女士的快递送到之后，她的闺蜜说帮她拆了，这位女士一下子就变得满脸怒气了。剧情马上就出现了反转。

这个短视频的反转之所以能获得许多用户的点赞，主要就是因为闺蜜私拆自己的快递，与闺蜜用自己的口红、借了钱不还和抢了自己的男朋友相比，似乎并不算是什么大事。但就是这看起来不太起眼的事，却触碰到了这位女士的底线。因此，这个反转在许多人的意料之外。

3. 奇思妙想，融入创意

在快手平台上，那些具有奇思妙想的短视频内容从来不缺用户的点赞和喜爱。这些短视频体现出运营者的创意，让用户看完之后，感觉到奇妙，甚至是神奇。

运营者可以结合自身优势，打造出视频创意。例如，一名擅长雕花的运营者，拍摄了一条展示雕刻作品的短视频。用户因其独特的创意和高超的技艺而纷纷点赞，如图7-6所示。

创意类内容还包括一些"脑洞"大开的段子、搞笑视频及日常生活中的创意等，这些内容格外吸睛，即使是相似的内容也能找到不同的笑点。

用户产生点赞行为通常有两个出发点，一种是对视频内容的高度认可和喜欢，另外一种是害怕以后再也刷不到这条视频，所以要进行收藏。搞笑视频则偏向于前者，分享门槛低，更容易激起用户查看和转发的欲望。

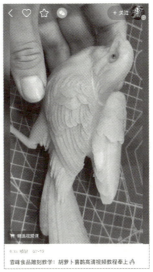

图 7-6 展示创意木雕

4. 系列内容，获取关注

运营者可以将快手用户关注的内容制作成系列作品。这样做主要有两个好处，一是可以更全面地将相关内容展示给快手用户；二是只要系列作品中的第一个作品足够具有吸引力，那么整个系列作品就能获得持续关注。

图 7-7 所示为某快手账号发布的部分短视频，从中不难看出，这便是通过发布系列作品来获取用户的持续关注的。

图 7-7 某快手号发布的系列作品

7.2 直播：掌握人气飙升的小秘诀

直播是快手短视频中的核心部分之一，许多运营者也是借助直播来进行变现的。这一节就来重点介绍快手直播，告诉大家提升直播人气的一些小秘诀。

7.2.1 直播权限：开通直播功能

在快手短视频平台中，运营者要想获得直播权限，必须满足以下8个条件。
① 绑定手机号。
② 当前账号状态良好。
③ 注册时间＞7天。
④ 观看视频时长达标。
⑤ 发布公开作品≥1。
⑥ 作品违规率在要求范围内。
⑦ 账号运营者满18岁。
⑧ 完成了实名认证。

由上述条件不难看出，快手开通直播权限的条件其实是比较宽松的，只要运营者按照平台的规则运营超过7天，基本上便可以获取直播权限了。获得直播权限之后，运营者便可以通过如下步骤在快手平台开直播了。

🔶 步骤01　登录快手App，点击"发现"界面中的 ▣ 按钮，如图7-8所示。

🔶 步骤02　进入快手的短视频设置界面，点击界面中的"直播"按钮，如图7-9所示。

🔶 步骤03　操作完成后，即可进入直

图7-8　点击 ▣ 按钮

播设置界面，如图7-10所示。

图 7-9　点击"直播"按钮

图 7-10　直播设置界面

◯ 步骤04　在直播设置界面中，❶勾选"本场直播我要卖货"；❷点击右上方的 ⊙ 按钮，如图7-11所示。

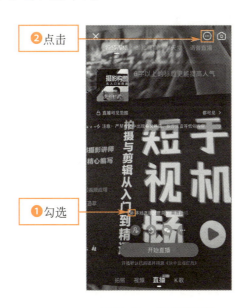

图 7-11　点击 ⊙ 按钮

- 步骤05 在弹出的提示框中,点击"售卖商品"按钮,如图7-12所示。根据提示添加需要售卖的商品。
- 步骤06 操作完成后,点击直播设置界面中的"开始直播"按钮,即可进入快手直播界面,如图7-13所示。

图 7-12 点击"售卖商品"按钮

图 7-13 快手直播界面

7.2.2 直播送礼:通过礼物变现

在快手直播中,除了卖货之外,运营者还可以通过用户赠送礼物实现变现。具体来说,用户可以通过如下步骤给主播赠送礼物。

- 步骤01 进入直播间,点击■按钮,如图7-14所示。
- 步骤02 在弹出的提示框中,点击礼物下方的"发送"按钮,如图7-15所示。

▶第7章
快手：KOL带货变现绝佳途径

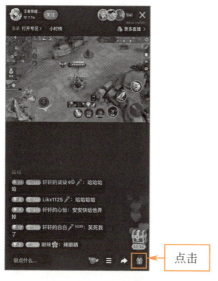

图7-14 点击 按钮　　图7-15 点击"发送"按钮

● 步骤03　操作完成后，即可在直播间中看到送出的礼物，如图7-16所示。

收到礼物之后，运营者或主播便可以将礼物提现，进行变现了，操作步骤如下。

● 步骤01　进入"快手"微信公众号，点击"快手助手→黄钻提取"按钮，如图7-17所示。

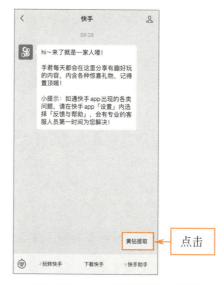

图7-16 查看送出的礼物　　图7-17 点击"黄钻提取"按钮

165

➡️ **步骤02** 进入"账号验证"界面，❶输入相关信息；❷点击"立即提现"按钮，如图7-18所示。

➡️ **步骤03** 进入"提现"界面，❶输入提现金额；❷点击"立即提现"按钮，如图7-19所示。

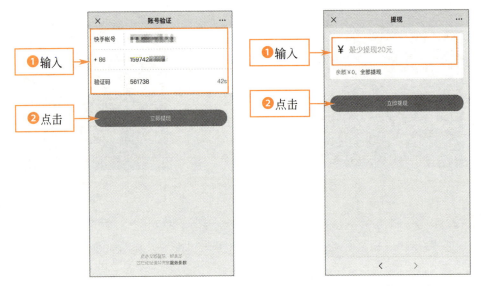

图7-18 "账号验证"界面　　　　图7-19 "提现"界面

7.2.3 多种玩法：快速提升人气

在快手中有一些可以有效提高直播间活跃度、增强变现效果的玩法，接下来就来进行简单的介绍。

1.连麦

连麦就是和其他直播间进行连线，连线之后还可以进行比拼，即PK。连线，特别是PK的时候，因为与其他直播间形成了对比，所以用户会更加积极地参与互动，甚至还会主动赠送礼物。具体来说，运营者和主播可以通过如下操作进行连麦。

➡️ **步骤01** 进入快手直播间，点击"连麦对战"按钮，如图7-20所示。

➡️ **步骤02** 操作完成后，会弹出"连麦对战"提示框。在提示框中点击"推荐→邀请"按钮，如图7-21所示。

图 7-20 点击"连麦对战"按钮　　图 7-21 点击"推荐→邀请"按钮

◎ 步骤03　执行操作后，便可与其他直播间进行连麦。

2.音乐

在进行直播的过程中，运营者和主播可以通过播放一些音乐来调节气氛。具体来说，可以通过如下步骤在快手直播间播放音乐。

◎ 步骤01　进入快手直播间，点击"音乐"按钮。在弹出的提示框中点击"背景音乐"按钮，如图7-22所示。

◎ 步骤02　在弹出的"精选背景音乐"提示框中，点击需要的背景音乐类型，如"热歌倾心听"，如图7-23所示。

◎ 步骤03　在弹出的背景音乐列表提示框中，点击"全部播放"按钮，如图7-24所示。

◎ 步骤04　操作完成后，返回直播间。如果此时直播间播放了音乐，并显示了音乐的相关信息，就说明背景音乐设置成功了，如图7-25所示。

图 7-22 点击"背景音乐"按钮

图 7-23 点击需要的背景音乐类型

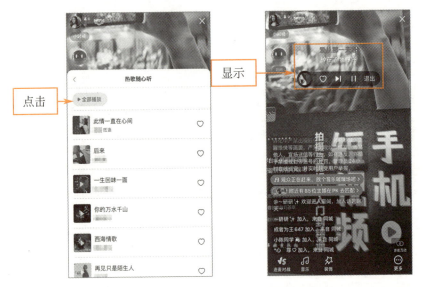

图 7-24 点击"全部播放"按钮　　图 7-25 背景音乐设置成功

3.红包

无论在现实生活中,还是在网络的虚拟世界中,发红包都是一种受欢迎的互动方式。在快手直播间也是可以发红包的,具体操作步骤如下。

> 步骤01 进入快手直播间,点击右下角的"更多"按钮。在弹出的提示框中点击"发红包"按钮,如图7-26所示。

> 步骤02 操作完成后,弹出"发红包"提示框。在提示框中选择红包的金额,点击"发红包给大家"按钮,如图7-27所示。操作完成后,便可以在直播间发送对应金额的红包了。

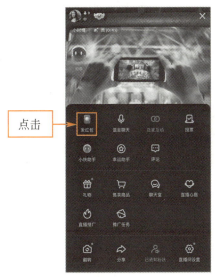

图 7-26 点击"发红包"按钮　　图 7-27 点击"发红包给大家"按钮

4.心愿清单

运营者和主播在进行一场直播时可以树立自己的目标,还可以通过快手直播的心愿清单功能,将目标展示在直播间,让用户帮你达成目标。具体来说,可以通过如下步骤设置心愿清单。

> 步骤01 进入快手直播间,点击右下角的"更多"按钮。在弹出的提示框中点击"直播心愿"按钮,即可看到"今日直播心愿"提示框。在"今日直播心愿"提示框中❶添加直播心愿;❷点击"生成心愿"按钮,如图7-28所示。

> 步骤02 操作完成后,返回直播间,如果此时直播间出现了直播心愿的相关项目(直播心愿会以轮播的形式出现,每次只出现其中的一项),就说明直播心愿设置成功了,如图7-29所示。

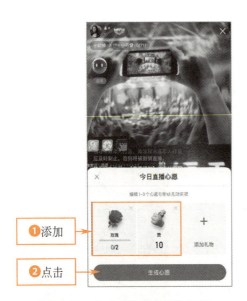

图 7-28 点击"生成心愿"按钮　　　图 7-29 直播心愿设置成功

7.3 引流推广：快速收获大量粉丝

每个快手运营新手都想成长为运营高手，甚至是通过账号的运营，变身网红达人。而一个人从默默无闻到变成快手网红达人，其中一个关键就是通过引流推广，快速积累粉丝，增强自身影响力。那么，如何做好快手引流呢？这一节就来介绍几种方法。

7.3.1 作品推广：实现内容广泛传播

短视频发布之后，快手运营者可以通过快手的"作品推广"功能为短视频进行引流。所谓"作品推广"，实际上就是通过向快手官方支付一定金额的方式，让平台将你的短视频推送给更多快手用户。那么，快手"作品推广"功能要如何使用呢？接下来就来介绍具体的操作步骤。

➡ 步骤01　登录快手短视频App，点击"发现"界面左上方的 ≡ 按钮，操作完成后，弹出快手菜单栏。点击菜单栏中的账号头像，进入快手个人主页界面，选择需要进行"作品推广"的短视频，如图7-30所示。

步骤02 进入短视频播放界面，点击界面中的 按钮，如图7-31所示。

图7-30 "快手个人主页"界面　　　　图7-31 点击 按钮

步骤03 操作完成后，界面中会弹出一个提示框。点击提示框中的"作品推广"按钮，如图7-32所示。

图7-32 点击"作品推广"按钮

➤ **步骤04** 进入"作品推广"界面，运营者可以根据推广目的，在"推广给更多人"和"推广给粉丝"之间进行选择。以"推广给更多人"为例，只需对推广信息和投放金额进行选择，并支付对应的快币，便可完成作品推广的投放设置，如图7-33所示。

图7-33 "推广给更多人"界面

7.3.2 标签引流：学会借助热门话题

话题标签引流，这种方式抖音和快手都有，它的直接作用是开发商业化产品。话题标签引流的关键在于找到合适的话题。那么如何找到合适的话题呢？有两种方法：一种是从热门内容中选择话题，另一种是在刷视频的过程中选择话题。

1.从热门内容中选择话题

运营者可以进入快手搜索界面，查看"快手热榜"内容，然后选择其中的某个热点，如图7-34所示。操作完成后，即可在搜索结果界面中看到与该热点相关的短视频的封面，如图7-35所示。

运营者点击某个短视频，便可进入该短视频的播放界面，如图7-36所示。另外，还可以点击该短视频文案中的其他热点话题，如"立秋"，进入话题的作品展示页，查看相关的短视频，如图7-37所示。

第7章
快手：KOL带货变现绝佳途径

图7-34 快手搜索界面

图7-35 与热点相关的短视频的封面

图7-36 短视频播放界面

图7-37 话题的作品展示页

运营者可以根据热门话题中相关视频的内容总结经验，据此打造带有热门话题标签的短视频，从而提高自身内容的吸引力，增强引流推广能力。

2.在刷视频的过程中选择话题

有的视频中会带有话题标签，运营者如果想打造相关视频，只需点击对应

173

的话题标签即可。

例如，在某快手短视频播放界面中点击文案中的"#湖南方言#"话题标签，如图7-38所示，便可进入该话题的作品展示界面，如图7-39所示。点击该界面中的"我要拍"按钮，便可以创作带有该话题标签的短视频。

图 7-38　点击话题标签

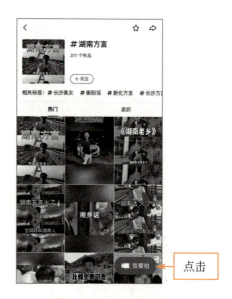

图 7-39　视频模板界面

7.3.3　同框引流：借势名人拍摄视频

当我们看到有趣的或者某位知名人士发布的快手视频时，可以通过拍同款视频功能，借助原有视频或某位知名人士的影响力进行引流。所谓拍同框，就是指在一个视频的基础上，再拍摄另一个视频，然后这两个视频分别在屏幕的左右两侧同时呈现。接下来就对快手拍同框视频的具体操作进行简要的说明。

步骤01 点击查看需要拍同框的快手视频，点击播放界面上方的按钮，如图7-40所示。

步骤02 操作完成后，弹出"分享至"列表框，点击列表框中的"一起拍同框"按钮，如图7-41所示。

步骤03 进入快手短视频拍摄界面，画面左侧会出现你拍摄的视频内容，右侧则是原视频的画面，同时，界面下方会显示"拍同框"，如图7-42所示。

第7章
快手：KOL带货变现绝佳途径

图 7-40 点击 ◎ 按钮

图 7-41 点击"一起拍同框"按钮

> **步骤04** 视频拍摄完成后，即可发布至快手短视频平台。短视频分两个部分呈现内容，就说明拍同框视频操作成功了，如图 7-43 所示。

图 7-42 "拍同框"短视频拍摄界面

图 7-43 拍同框视频成功

175

7.3.4 同款引流：借用优质背景音乐

运营者如果觉得某个视频的背景音乐很适合自己要拍摄的短视频内容，便可以利用拍同款功能，借助原视频的背景音乐更好地打造视频内容，更好地进行引流。具体来说，快手拍同款视频的具体操作如下。

步骤01 点击查看需要拍同款的快手视频，点击播放界面上方的 ⤴ （有时会显示加微信图标 ⓦ ）按钮，如图7-44所示。

步骤02 操作完成后，弹出"分享至"列表框，点击列表框中的"拍同款"按钮，如图7-45所示。

图7-44　点击 ⤴ 按钮　　　　　图7-45　点击"拍同款"按钮

步骤03 进入快手短视频拍摄界面，界面左上方会显示原视频的原声名称，如图7-46所示。

步骤04 将短视频发布至快手短视频平台。视频播放画面下方出现了原背景音乐的名称，就说明拍同款视频操作成功了，如图7-47所示。

图 7-46 快手短视频拍摄界面

图 7-47 拍同款视频成功

7.4 带货变现：让快手带货更高效

在快手带货变现的过程中，运营者可以通过一定的技巧，让带货更加高效，提高变现的收益。这一节就来重点介绍4种快手带货变现的技巧。

7.4.1 场景植入：利用氛围调动情感

在快手短视频的场景或情节中引出产品，这是非常关键的一步，这种软植入方式能够让营销和内容完美融合，让人印象颇深，相关技巧如图7-48所示。

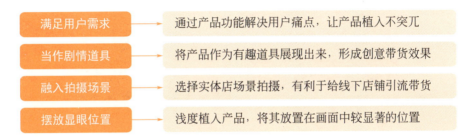

图 7-48 在视频场景植入产品的相关技巧

当前快手带货类短视频的产品植入形式大致包括台词表述、剧情题材、特写镜头、场景道具和情节捆绑，以及角色名称、文化植入和服装提供等，手段非常多，不一而足，运营者可以根据自己的需要选择合适的场景植入方式。

7.4.2 权威树立：塑造自身专业形象

有的用户在购买产品时会对运营者自身的专业性进行评估，如果运营者自身的专业度不够，那么，用户就会对产品产生怀疑。

所以，在快手账号的运营过程中，运营者还需要通过短视频和直播来树立权威，塑造自身的专业形象，增强用户对自身的信任感。这一点对于专业性比较强的领域来说尤为重要。

例如，摄影就是一个很讲求专业性的领域，如果摄影类运营者不能分享专业性的知识，那么就不能获得用户的信任，也就更不用说通过短视频内容进行带货，成功实现变现了。

也正是因为如此，许多摄影类运营者都会通过短视频的分享来凸显自身的专业性。图7-49所示为某手机摄影类快手号发布的部分历史短视频，可以看到，其便是通过专业摄影技巧的分享来凸显自身的专业性的。

图 7-49 通过专业技巧分享凸显自身专业性

运营者在这个快手号中分享了大量手机摄影类技巧，用户看到这些短视频之后，就会觉得该快手号运营者在手机摄影方面非常专业。在这种情况下，用户再看到该快手号中的摄影类产品链接，就会觉得该产品是运营者带着专业眼光挑选的。对于销售和推荐的摄影产品很自然地就多了一份信任感。

7.4.3 开箱测评：神秘包裹轻松引爆

在抖音或快手等短视频平台上，很多人仅用一个"神秘"包裹，就能轻松拍出一条爆款短视频。下面是一些开箱测评短视频的拍摄技巧，如图7-50所示。

图 7-50　开箱测评类短视频的拍摄技巧

7.4.4 事实证明：效果说话获得认可

快手短视频运营者与其将产品夸得天花乱坠，不如直接摆事实，让用户看到产品使用后的真实效果。

图7-51所示为一个销售大码女裤的短视频。运营者并没有对自己的大码女裤进行太多的夸耀，而是直接通过不穿和穿之间的对比，用事实来力证穿上后的显瘦效果。

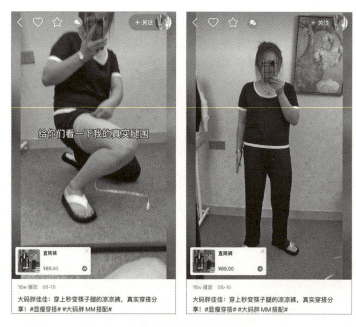

图 7-51 通过事实力证产品使用效果

用户通过该短视频可以很直观地看到该大码女裤的上身效果，确实比较好，因此部分有些肥胖的女性在看到该短视频时，就会觉得这款大码女裤值得一试。

第 8 章
B 站：揭秘带货变现的新玩法

学前提示

许多人都以为 B 站就是一个以提供二次元内容为主的平台，其实不然，只要运营得好，B 站同样是可以成为一个变现渠道的。这一章就来揭秘 B 站带货变现的新玩法。

8.1 短视频：受欢迎的内容如何制作

对于UP主（对B站运营者的一种常用说法）而言，能不能吸引用户观看视频、购买短视频中推荐的产品，其本质在于视频内容是否优质。而UP主想要拍摄优质的视频，不仅需要周全的内容策划，还需要进行人员分工和前期准备，同时UP主或其团队还要知晓拍摄技巧和构图手段。

8.1.1 内容策划：形成独特鲜明的人设标签

如果UP主想要进入B站视频创作领域，那么，在注册账号之前，一定要对拍摄的视频内容进行定位，并根据这个定位来策划和拍摄，这样才能快速形成独特鲜明的人设标签。

1. 提高辨识度，打造人格化的IP

IP的全称为intellectual property，大意为"知识产权"，百度百科的解释为"权利人对其智力劳动所创作的成果和经营活动中的标记、信誉所依法享有的专有权利"。

如今，IP常常用来指代那些有人气的东西，包括现实人物、书籍动漫、影视作品、虚拟人物、游戏、景点、综艺节目、艺术品以及体育等。图8-1所示为IP的主要特点。

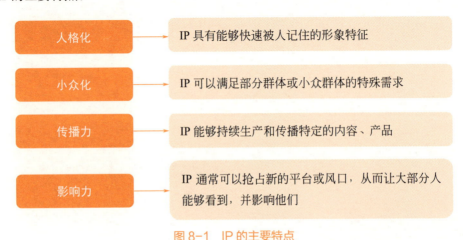

图 8-1 IP的主要特点

在B站视频中，个人IP是基于账号定位来形成的，而超级IP不仅有明确的账号定位，而且还能够跨界发展。对于普通人来说，在这个新媒体时代，要变成超级IP并不难，关键是如何去做。下面总结了一些打造IP的方法和技巧，如图8-2所示。

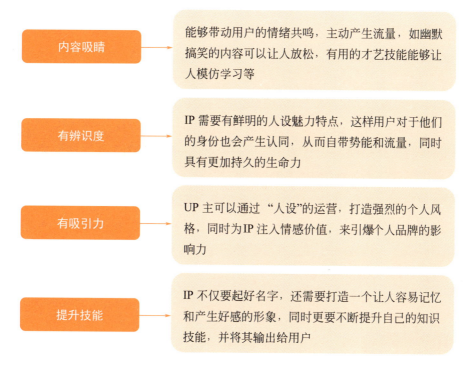

图 8-2 打造 IP 的方法和技巧

2.确定剧情，设计高低落差和转折

B站上大部分上热门推荐的视频，都是经过精心策划的。因此，剧本策划也是成就热门视频的重要条件。视频剧本可以让剧情始终围绕主题，保证内容的方向不产生偏差。在策划视频剧本时，运营者需要把握好以下5个方面的内容。

① 选题有创意。视频的选题要尽量独特有创意，同时要建立自己的选题库和标准的工作流程，这不仅能够提高创作的效率，还可以刺激用户持续观看视频。例如，用户可以多收集一些热点加入到选题库中，结合这些热点来创作视频。

② 剧情有落差。B站视频时长和抖音快手不同，长的有一个小时，短的可

能只有几十秒。如果UP主想要在短时间内将大量的信息叙述出来，可以将剧本内容设计得更紧凑一些。UP主要脑洞大开，在剧情上安排一些高低落差，来吸引用户的眼球。

③ 内容有价值。不管是哪种内容，UP主都要尽量给用户带来价值，让用户觉得值得为这个视频付出时间成本。例如，UP主如果做搞笑类的短视频，那么就需要能够给用户带来快乐；UP主如果做美食类的短视频，那么食材要容易购买，烹饪方法要容易上手。

④ 情感有对比。UP主也可以采用一些简单的拍摄手法，来展现生活中的场景，同时也可以加入更容易打动观众的情感元素，带动用户情绪。

⑤ 时间有把控。UP主需要合理地安排视频的时间节奏。一般来说，短视频的时长控制在3分钟以内，如果时长太长，用户很难坚持看下去；如果时长只有十几秒，难以讲述一个完整而又意味深长的故事。

策划剧本，就好像写一篇作文，除了有主题思想，其开头、中间以及结尾也很重要。此外，情节的设计就是丰富剧本的组成部分，也可以看成是小说中的情节设置。一篇成功吸引人的小说必定是少不了跌宕起伏情节的，短视频的剧本也是一样，因此，在策划时要注意3点，具体如图8-3所示。

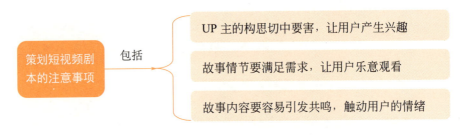

图 8-3　策划短视频剧本的注意事项

3.选择真人出镜，获得更多流量

创作好剧本后，需要选择演员来演绎内容。B站真人出镜的视频作品，往往会受到更多人的欢迎。下面总结了一些拍摄视频选择演员的技巧，如图8-4所示。

当然，拍摄短视频需要做的工作还有很多，策划、拍摄、表演、剪辑、包装和运营等。譬如，UP主拍摄的视频内容为生活垂直类，每周推出2~3条短视频，那么大概4~5个人就够了，分别负责编导、运营、拍摄和剪辑。

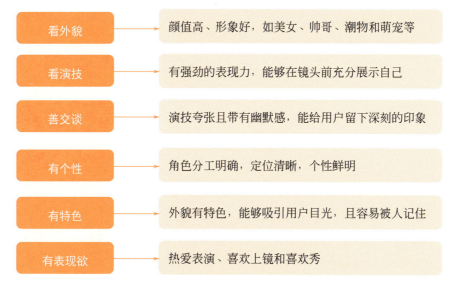

图8-4 拍摄视频选择演员的技巧

4. 场地环境美观，符合剧情走向

在选择视频的拍摄场地时，主要根据账号定位和剧情内容来安排。场地对视频拍摄主体起到解释、烘托和加强的作用，也可以在很大程度上加强用户对视频主体的理解，让视频的主体和主题都更加清晰明确。

一般来说，如果只是单独对视频拍摄主体进行展示，往往难以明确表达出中心思想，而加上了场地环境，就能让用户在明白视频拍摄主体的同时，更容易了解拍摄者想要表达的思想与情感。

运营者和策划者在选择视频的拍摄场地时，可以借势一些热门的拍摄场地来获得平台的流量推荐。例如，青海的"天空之镜"茶卡盐湖、重庆的轻轨2号线、"稻城"亚丁、恩施的屏山峡谷、四川的浮云牧场、丽江的玉龙雪山、西安的"摔酒碗"、厦门的土耳其冰激凌等，这些都是"网红打卡地"，吸引了很多拍摄者和游客前往，因此这些地方拍摄的视频也极易被人关注。

选择视频拍摄场景可以从前景与背景两方面作分析。

① 前景是指在视频拍摄时，位于视频拍摄主体前方，或者靠近镜头的景物，前景在视频中能起到增加视频画面纵深感和丰富画面层次的作用。

② 背景是指位于视频拍摄主体背后的景物，可以让拍摄主体的存在更加和谐、自然，同时还可以对所处的环境、位置、时间等做一定的说明，更好地突

出主体，营造视频画面的气氛。

5.抓住热点，想不火都难

创意视频指的是游戏录屏、电影解说、课程教学以及剧情反转等类型的视频，一般来说，这类视频都融入了UP主的创意，让人意犹未尽。下面以电影解说类短视频为例进行具体分析。

在B站经常可以看到各种电影解说的短视频作品，内容创作形式相对简单，只要会剪辑软件的基本操作即可完成。电影解说短视频的主要形式为剪辑电影中的剧情桥段，同时加上语速轻快、幽默诙谐的配音解说。

这种短视频内容形式的主要难点在于运营者需要在短时间内将电影内容说出来，这需要运营者具有极强的文案策划能力，能够让用户对电影情节产生一个大致的了解。电影解说类视频的制作技巧，如图8-5所示。

图8-5 电影解说类短视频的制作技巧

除了直接解说电影内容进行二次原创外，运营者也可以将多个影视作品进行排名对比，做一个排行榜，对比的元素可以多种多样。以武侠类影视作品为例，可以策划出"十大高手""十大女主角""十种武功秘籍""十个感人镜头""十大男主角"等视频内容。

8.1.2　视频制作：轻松拍出百万点赞量作品

视频的制作通常包括内容选题、拍摄准备、拍摄过程和后期处理这4个步骤，前面已经介绍了大量的爆款内容选题技巧和拍摄准备工作，接下来重点介绍短视频拍摄过程中的关键要点，帮助大家轻松拍出高曝光的视频作品。

1. 购买拍摄设备，符合实际需求

视频的主要拍摄设备包括手机、单反相机、微单相机、迷你摄像机和专业摄像机等，运营者可以根据自己的资金状况来选择。首先需要对自己的拍摄需求做一个定位，到底是用来进行艺术创作，还是纯粹来记录生活，对于后者，建议选购一般的单反相机、微单相机或者好点的拍照手机。只要运营者掌握了正确的技巧和拍摄思路，即使是便宜的摄影设备，也可以创作出优秀的视频作品。

（1）要求不高的运营者，使用手机即可

对于那些对视频品质要求不高的运营者来说，普通的智能手机即可满足拍摄需求，这也是目前大部分运营者使用的拍摄设备。

手机摄影变得越来越流行，其主要原因在于手机摄影功能越来越强大、手机价格比单反相机更具竞争力、移动互联时代分享上传视频更便捷等，而且手机可以随身携带，满足随时随地拍视频的需求。

手机摄影功能的出现，使拍短视频变得更容易实现，成了人们生活中的一种习惯。如今，很多优秀的手机摄影作品甚至可以与数码相机媲美。

（2）专业拍视频，可使用单反或摄像机

如果运营者是专业从事摄影或者视频制作方面的工作，或者是"骨灰级"的视频玩家，那么单反相机或者高清摄像机是必不可少的摄影设备。此外，还需要结合电脑的后期处理，否则效果不能够完全发挥出来。

2. 配置录音设备，按性价比进行选择

普通视频直接使用手机录音即可，但对于采访类、教程类、主持类、情感

类或者剧情类的视频来说，因为对声音的要求比较高，推荐大家选择TASCAM、索尼等品牌的性价比较高的录音设备。

① TASCAM：该品牌的录音设备具有稳定的音质和持久的耐用性。例如，TASCAM DR-100MKⅢ录音笔的体积非常小，适合单手持用，而且可以保证采集的人声更为集中与清晰，收录效果非常好，适用于谈话节目类的短视频场景。

② 索尼：该品牌的录音设备体积较小，比较适合录制各种单人视频，如教程类、主持类的应用场景。例如，索尼ICD-TX650录音笔，小巧便捷，可以随身携带录音，还具有智能降噪、7种录音场景、宽广立体声录音和立体式麦克风等特殊功能。

3.利用灯光设备，增强视频美感度

在室内或者专业摄影棚内拍摄视频时，通常需要保证光感清晰、环境敞亮、可视物品整洁，这就需要明亮的灯光和干净的背景。光线是获得清晰视频画面的有力保障，不仅能够增强美感，运营者还可以利用光线来创作更多有艺术感的短视频作品。下面介绍一些拍摄专业短视频时常用到的灯光设备。

① 八角补光灯：具体打光方式以实际拍摄环境为准，建议一个顶位，两个低位，这样的打光适合各种音乐类、舞蹈类等视频的拍摄。

② 顶部射灯：功率大小通常为15～30W，运营者可以根据拍摄场景的实际面积和安装位置来选择合适的射灯强度和数量，适合舞台、休闲场所、居家场所、娱乐场所、服装商铺和餐饮店铺等拍摄场景。

4.学会取景构图，让观众聚焦主体

UP主的视频要想获得系统推荐，快速上热门，就得保证好短视频的质量，而构图则是拍好短视频必须掌握的基础技能。拍摄者可以用合理的构图方式来突出主体、聚集视线和美化画面，从而突出视频中的人物或景物的吸睛之点，以及掩盖瑕疵，让短视频的内容更加优质。

视频画面构图主要由主体、陪体和环境3大要素组成，主体包括人物、动物和各种物体，是画面的主要表达对象；陪体是用来衬托主体的元素；环境则是主体或陪体所处的场景，通常包括前景、中景和背景等。

下面总结了一些热门视频的构图形式，大家在拍摄时可以参考运用，如图8-6所示。

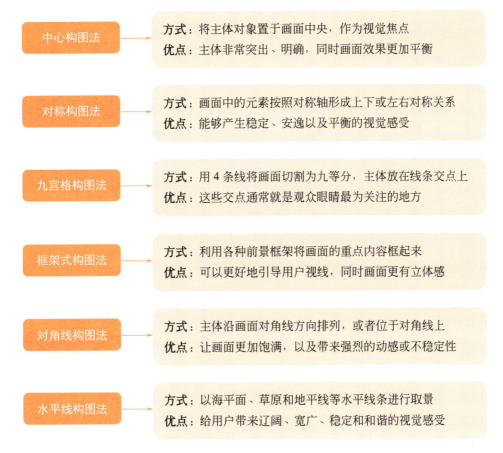

图 8-6 热门构图方式

5.巧用运镜手法,迅速拍出大片质感

在拍摄视频时,UP主同样需要在镜头的角度、景别以及运动方式等方面下功夫,掌握短视频"大神"们常用的运镜手法(下文以摇移运镜和横移运镜为例),能够更好地突出视频的主体和主题,让用户的视线集中在你要表达的对象上,同时让短视频作品更加生动,更有画面感。

(1)摇移运镜

摇移运镜是指保持机位不变,朝着不同的方向转动镜头,摇移运镜的镜头运动方向可分为左右摇动、上下摇动、斜方向摇动和旋转摇动4种方式,如图8-7所示。具体来说,摇移运镜就像是一个人站着不动,然后转动头部或身体,用眼睛向四周观看身边的环境。

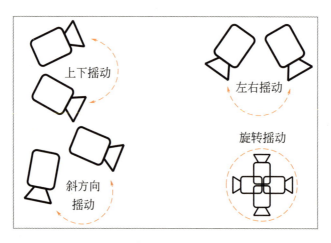

图 8-7 摇移运镜的操作方法

（2）横移运镜

横移运镜是指拍摄时镜头按照一定的水平方向移动，如图8-8所示。横移运镜通常用于展示短视频中的情节，如人物在沿直线方向走动时，镜头也跟着横向移动，更好地展现出空间关系，而且能够扩大画面的空间感。

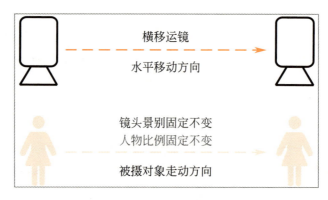

图 8-8 横移运镜的操作方法

8.2 直播：UP主如何玩转B站直播

B站直播平台上的内容有趣而丰富，许多年轻人都喜欢将B站作为观看直播的重要渠道。那么，UP主如何玩转B站直播呢？这一节就来重点解答这个问题。

8.2.1 开通直播：只需简单几步

在电脑和手机端上都可以进行B站直播，下面就以手机端为例，具体讲解开通直播的步骤。

● 步骤01 登录哔哩哔哩App，点击"首页"界面中的"我要直播"按钮，如图8-9所示。

● 步骤02 进入直播设置界面，界面中会弹出需要实名认证的提示框。点击提示框中的"去认证"按钮，如图8-10所示。

图8-9 点击"我要直播"按钮　　图8-10 点击"去认证"按钮

● 步骤03 进入"申请认证"界面，在该界面中填写资料、上传相关照片，点击下方的"提交"按钮，如图8-11所示。

● 步骤04 申请提交之后，B站会进行认证审核。审核完成后，再次进入直播设置界面，❶点击"开始直播"按钮；操作完成后，界面中会弹出一个提示框。❷点击提示框中的"确定"按钮，如图8-12所示。

● 步骤05 进入"请选择分类"界面，直播运营者可以在界面中选择直播所属的类别，如图8-13所示。

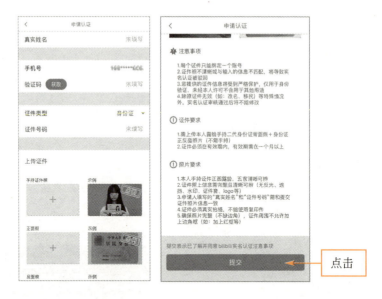

图 8-11 "申请认证"界面

图 8-12 点击"确定"按钮　　　　图 8-13 "请选择分类"界面

> **步骤06** 直播类型选择完成后,返回直播设置界面。点击"开始直播"按钮,便会进入直播倒计时界面,如图8-14所示。倒计时完成后,便会进入正式的直播界面,如图8-15所示。

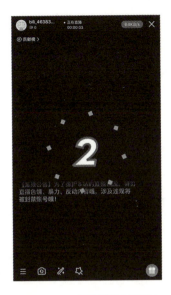

图 8-14　直播倒计时界面

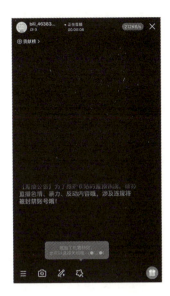

图 8-15　正式的直播界面

8.2.2 直播规范：不要违规

B站制定了《bilibili主播直播规范》，对主播的直播行为作出了一些规定和引导。如果UP主想要在B站上持续进行直播，就要遵守该规范中的相关规定。特别需要注意的是，在B站直播时如果出现了严重违规行为，主播可能会面临永久封禁的处罚。图8-16所示为《bilibili主播直播规范》中关于严重违规行为的说明。除了严重违规行为之外，《bilibili主播直播规范》中还对直播的动作、

A、严重违规行为（一次性扣除主播SAN值12分，并永久封禁）

严重违规行为是指涉政、涉黄、违法等严重扰乱bilibili直播平台秩序的行为。在视频直播中违反以下规定，构成严重违规，包括但不限于：

1、严禁发表反党反政府的言论，或做出侮辱诋毁党和国家的行为，及危害社会秩序、公众道德，如：

1.1 违反宪法确定的基本原则的；

1.2 危害国家安全，泄露国家秘密，颠覆国家政权，破坏国家统一的；

1.3 损害国家荣誉和利益的；

1.4 煽动民族仇恨、民族歧视，破坏民族团结的；

1.5 破坏国家宗教政策，宣扬邪教和封建迷信的；

1.6 散布谣言，扰乱社会秩序，破坏社会稳定的；

1.7 散布暴力、恐怖或者教唆犯罪的；

1.8 煽动非法集会、结社、游行、示威、聚众扰乱社会秩序的；

1.9 谈论敏感话题，传播负面情绪，例如对灾难或案件表达幸灾乐祸之情，有违人道主义和道德底线的;

1.10 直播或间接传播淫秽、色情信息，或进行淫秽、色情表演，包括不限于传播情色游戏、动漫、视频、图片或网站。

图 8-16

2、严禁进行具有性挑逗性质的表演或行为，如表演脱衣舞、揉胸等。

3、严禁与他人进行互相性挑逗形式的表演或行为。如相互抚摸敏感部位、进行能让人产生性幻想的动作、在床上以任何抚摸形式进行表演等。

4、严禁展示包含但不限于带有性行为以及裸露具有性特征的身体敏感部位的内容。如展示女性胸部、男女性臀部、男女大腿内侧及生殖器官、穿透视装等。

5、严禁展示枪支（含仿真枪）、管制刀具、进行高危表演，如晃动管制刀具、枪支、高仿真枪支、表演具有高度危险性的节目等。

6、传播、引诱、教唆他人吸食毒品或注射毒品方式，讲解毒品制作过程等一切与毒品相关的内容。

7、严禁表演危害他人人身安全的内容，如：殴打他人、以刀具威胁他人等。

8、严禁宣传传销机构、哄骗用户加入传销组织、或本人组织传销。

9、严禁表演危害自身安全的内容，如自杀、自残等。

10、严禁进行其他类涉政、涉黄、违法、侵权，或威胁生命健康的表演。

11、禁止在直播间进行任何形式的导流行为。

12、严禁同一人开设多个账号进行直播，开播主播必须与账号实名认证的信息一致

13、严禁其他直播平台签约主播在本平台开播，导致本人及平台有版权及法律风险。

图 8-16　B 站直播的严重违规行为

着装和言论作出了规定，如图8-17所示。主播在直播时一定不要违反这些规定，以免受到平台的处罚。

2、直播动作规定：

2.1 不得模仿各种低俗、色情动作、声音或带有诱惑性、挑逗性表演的行为，包括但不限于脱衣舞等；

2.2 不得将镜头刻意聚焦于性敏感部位，或进行带有性暗示的抚摸、拉扯动作，或使用道具引起观众对性敏感部位的注意；

2.3 禁止主播以赌博工具、性用品、内衣等涉及不雅内容的物品作为表演道具；

2.4 主播拍摄角度不得由上至下拍摄胸部等敏感部位，由下至上拍摄腿部、臀部等敏感部位；

2.5 主播不得进行带有性暗示的抚摸、拉扯、舔咬、拍打等有暗示动作，或使用道具引起观众对性敏感部位的注意，也不能利用身体上的敏感部位进行游戏，包括但不限于：猜内衣/裤的颜色、剪丝袜、直播脱/穿丝袜等；

2.6 主播不得在各种身体部位展示刺青、纹身；

3、直播着装规定：

3.1 严禁男性赤裸上身，女性刻意露出乳沟；
3.2 女性背部的裸露部位不能超过上半部的三分之二以上即腰节线以上；
3.3 女性下装腰部必须穿到骨盆以上，短裙或短裤下摆不得高于臀下线；
3.4 女性胸部的裸露面积不能超过的胸部三分之一，上装最低不得超过胸部三分之一的位置；
3.5 严禁穿着情趣制服、情趣内衣、内衣外穿、以及印有低俗等不当图案的衣服等；
3.6 女主播服装不能过透过露，不得刻意露出胸罩、底裤；
3.7 男主播不得仅穿着三角或四角及类似内衣的服装、紧身裤直播，且裤腰不得低于胯骨；

4、直播言论规定：

4.1 严禁刻意模仿各种带有性挑逗的声音；

4.2 严禁刻意发表低俗涉黄言论，引导场内低俗互动；

4.3 严禁以文字、语音、图片等任何形式宣传其他直播及视频平台；

4.4 主播不得以诱惑、挑逗性质的声音、语言吸引观众，包括但不限于使用直接或者隐晦性暗示词语；

4.5 严禁主播通过各种途径诱导、教唆未成年人充值；

4.6 严禁主播通过各种途径诱导、教唆未成年人私下交易；

4.7 严禁在直播间内对其他主播进行人身攻击。如恶意辱骂、诽谤、诋毁其他主播，及通过其他不道德的方式攻击、骚扰其他主播；

4.8 严禁在直播间内有组织性地煽动人员去其他房间捣乱或者发布违规信息，或者对其他房间进行恶意举报。

图 8-17　B 站直播对动作、着装和言论的规定

8.2.3　直播玩法：几种必会技巧

UP主如果想提升直播的引流能力，获得更多用户的关注，有必要掌握B站直播中的一些玩法。下面就来重点介绍B站直播中的3种玩法。

1.主播舰队：让粉丝成为你的船员

UP主开通直播后，可以在直播房间拥有自己的舰队，舰队的船票总共有3种，分别是总督、提督和舰长。UP主的粉丝拥有主播的舰队船票后，将会拥有以下特权。

① 在图标上，舰队船员拥有房间专属唯一标识、进房间弹幕特效公告、房间内专属身份展示位特权。

② 在弹幕上，舰队船员拥有专享房间内紫色弹幕、专享房间内顶部弹幕发送权限（仅限总督）、弹幕长度发送上限提升至40字（仅限总督和提督）特权。

③ 在"爱意"上，舰队船员拥有亲密度上限翻倍（粉丝勋章等级不同亲密度上限也有所不同）、加速升级粉丝勋章、粉丝专属礼包和购买即返银瓜子（B站直播虚拟货币）特权。

④ 在发言上，舰队船员不受房主以外的禁言影响、发言时昵称颜色与众不同且拥有聊天气泡特权。

2.直播看板娘：帮助主播答谢粉丝

"直播看板娘"是B站设计的一个卡通形象，它的主要作用是实现内容交互：当主播收到粉丝打赏的礼物时，直播看板娘会以气泡的形式弹出来，帮主播答谢粉丝；平时直播看板娘也会悬浮在视频周围，粉丝单击或双击时，她会向粉丝卖萌。此外，UP主可对直播看板娘进行换装。

3.主播轮播：多个直播的循环播放

主播在直播中可以开启轮播开关，对指定内容进行轮播。具体来说，可以通过如下操作，指定内容进行轮播。

步骤01 进入B站电脑网页端的"个人中心"界面，单击"我的直播间→轮播设置"按钮，如图8-18所示。

图8-18 单击"我的直播间"按钮

步骤02 进入"轮播设置"界面,单击上方的"视频轮播功能"按钮,如图8-19所示。

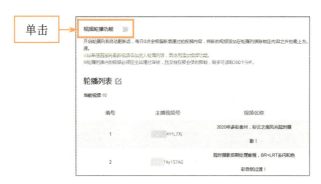

图8-19 单击"视频轮播功能"按钮

步骤03 如果UP主想调整轮播列表中的视频,可单击"轮播列表"标签右侧的 按钮,如图8-20所示。

图8-20 单击 按钮

步骤04 执行完操作,弹出"添加视频"弹窗,单击想要调整的视频右侧的 按钮,如图8-21所示。

步骤05 弹出更多操作面板,UP主可以单击 按钮,将该视频在"添加视频"列表中置顶;可以单击 按钮,将该视频在"添加视频"列表中置底;也可以单击 按钮,将该视频从"添加视频"列表中删除;还可以单击 按钮,将该视频锁定在"添加视频"列表。此处以单击 按钮为例进行说明,如图8-22所示。

步骤06 UP主将"添加视频"列表中的视频处理完毕后,单击"提交"按钮,即可完成轮播设置操作,如图8-23所示。

图 8-21 "添加视频"弹窗

图 8-22 单击按钮

图 8-23 单击"提交"按钮

8.3 引流推广：新手也能快速成网红

对于UP主来说，要获取可观的收益，关键在于获得足够的流量。那么，B站UP主如何实现快速引流呢？这一节将从4个角度来分析，帮助大家快速聚集大量用户，实现品牌和产品的高效传播。

8.3.1 动态引流：用好专栏和视频

B站动态引流主要可以分为专栏引流和视频引流，下面进行详细介绍。

1.专栏引流

当UP主在B站专栏区投稿时，可以适当使用以下两种方式进行引流。

（1）回复专栏评论

当UP主在专栏发完文章后，可适当挑选一些评论进行回复，以此来增加与用户的互动，吸引更多用户的关注。

（2）文末添加联系方式

UP主可以在专栏文章末尾放上自己的联系方式或其他平台的账号进行引流。

2.视频引流

视频引流有3种手段，分别是视频标题引流、视频封面引流和视频简介引流。

（1）视频标题引流

就是通过制定吸睛标题，吸引用户点击查看内容，从而获得更多的流量。

（2）视频封面引流

许多用户在看一条短视频时，首先关注的就是它的封面。因此，如果UP主的短视频封面比较具有吸引力，许多用户就会点击查看，一探究竟。

（3）视频简介引流

视频简介不仅是对视频内容的介绍，更是对视频卖点的展示。UP主可以在视频简介中将视频的独特性展示出来，增加用户查看内容的兴趣，从而达到为视频引流，甚至是为账号引流的目的。

8.3.2 衍生内容：弹幕与评论引流

在B站中，除了短视频的内容之外，UP主还可以通过弹幕和评论这两个衍生内容来进行引流。

第8章
B站：揭秘带货变现的新玩法

1. 弹幕引流

弹幕引流比较简单，UP主只要在弹幕里发送引流信息，便可达到引流的目的。不过需要注意的是，引流的弹幕要有针对性，比如卖化妆品的UP主应该选择在化妆视频里发引流弹幕。

如果UP主运营的是新账号，则无法发弹幕。要想开通弹幕功能，就必须答题转正。具体操作很简单，在 旁边会有"答题转正"或"继续答题"按钮，UP主点击该按钮即可跳转至答题界面。通过答题考核之后，便可获得发送弹幕功能。

2. 评论引流

评论引流分为视频评论引流和专栏评论引流，其中专栏评论引流前面讲动态引流时已经提过，下面重点介绍视频评论引流的具体方法。

> **步骤01** 进入B站"首页"界面，点击"热门"按钮，如图8-24所示。

> **步骤02** 执行操作后，跳转至"热门"界面，点击该界面中受欢迎的视频，如图8-25所示。

图8-24 点击"热门"按钮

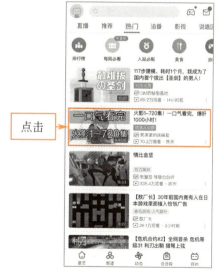

图8-25 点击受欢迎的视频

> **步骤03** 操作完成后，跳转至视频界面，点击视频下方的"评论"按钮，如图8-26所示。

> **步骤04** 执行操作后，跳转至视频评论区，在下方输入框中❶输入相关引流评论内容；❷点击右侧的"发布"按钮，即可发送评论进行引流，如图8-27所示。

图 8-26 点击"评论"按钮

图 8-27 视频评论

8.3.3 福利引流：抽奖活动很吸睛

在B站上我们常常能看到UP主做一些抽奖活动，给粉丝送出周边或电子产品，如图8-28所示。这种做法不仅可以提高UP主在粉丝心目中的形象，增强粉丝的黏性，还能吸引更多用户关注，从而达到吸粉引流的目的。

8.3.4 内容造势：让用户都看过来

虽然一个企业或个人在平台上的力量有限，但这并不能否定其内容的传播影响力。要想让目标用户全方位地通过内容了解产品，比较常用的招式就是为内容造势。

1. 传播轰动信息

UP主可以给用户传递轰动、爆炸式的信息，借助公众人物来为自己账号造势。这种方法兼具轰动性和颠覆性，能够立刻吸引B站用户的眼球。

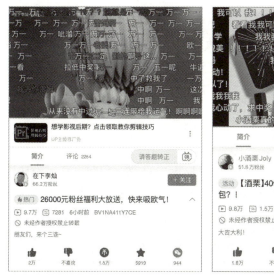

图 8-28　UP 主的抽奖活动

在这个信息泛滥的时代，想要从众多的视频中脱颖而出，就要制造一定的噱头，用语出惊人的方式吸引用户的眼球。譬如，2020年6月21日我国大部分地区都能看到日环食，这算是一条轰动全国的大新闻，在这种背景下，很多UP主都推出了日环食的相关视频，如图8-29所示。

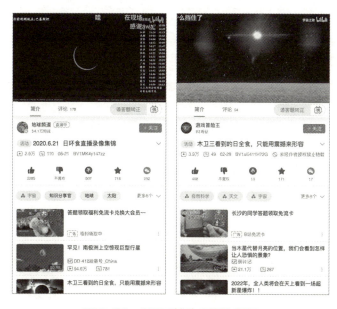

图 8-29　以日环食为主题的视频

2. 发布总结性的内容

"十大"是典型的总结性内容之一。所谓扣住"十大",就是指在标题中加入"10大""十大"之类的词语,例如《电影中5个自带BGM出场的男人》《2020年十大好电影推荐》等。这种类型视频标题的主要特点就是传播率广、在网站上容易被转载和产生一定的影响力。

3. 自制条件造势

除了借势外,UP主在推广内容时还可以采用自我造势的方式,来获得更多的关注度和更大的影响力。任何内容运营推广,都需要两个基础条件,即足够多的粉丝数量和与粉丝之间拥有较为紧密的关系。

UP主只要紧紧地扣住这两点,通过各种活动为自己造势,增加自己的曝光度,就能获得很多粉丝。为了与用户保持紧密关系,UP主可以通过各种平台经常发布内容,还可以策划一些线下活动,通过自我造势带来轰动,引发用户的围观。

B站官方会推出一些线上活动,UP主可以积极参与,如果在活动中表现突出,不仅可以获得B站官方的礼品或奖励,还有机会上活动封面,为自己引流。UP主也可以在活动的评论区为作品拉票,这样也相当于给自己引流吸粉。

总的来说,自我造势能够让用户清晰地识别并唤起他们对产品的联想,并进行消费,可见其对内容运营推广的重要性。

8.4 带货变现:打造赚钱的B站账号

许多UP主之所以费心费力运营B站账号,就是希望能够通过B站进行带货,成功实现变现。那么,在B站中要如何实现变现呢?这一节就来重点讲解B站中比较常见的几种变现方式。

8.4.1 会员购:借助电商平台变现

"会员购"是B站自己的一个电商变现平台,UP主通过短视频和直播引导用户进入该平台,并购买产品。比如,动漫IP设计经销商"艾漫"就在"会员购"中推出了一系列商品,并且通过短视频的引导实现了变现,如图8-30所示。

图 8-30 "艾漫"会员购主页

8.4.2 广告变现：让广告主找上门

如果UP主粉丝多、流量大，那么就会有广告商找上门。此时，UP主便可以通过为广告商打广告的方式实现变现，如图8-31所示。

图 8-31 通过广告变现

8.4.3 橱窗变现：借助账号卖产品

B站推出了推广橱窗功能，UP主开设自己的橱窗，通过在橱窗中卖货来实现变现，如图8-32所示。

图8-32 通过推广橱窗变现

8.4.4 课程变现：推出付费内容

UP主可以将自己的课程设置成付费，只要B站用户购买了付费课程，UP主便可以获得一定的收益，如图8-33所示。

8.4.5 充电变现：用户打赏提现

UP主可以在"稿件管理"界面中申请加入"充电计划"，审核通过后UP主即可接受B站用户的电池打赏。B站推出"充电计划"的原因主要有4个。

① 不会影响普通用户视频观看和弹幕发送的体验。
② 电池打赏全凭用户自愿，没有任何强制性。
③ 旨在鼓励UP主创作原创内容。
④ 保持UP主独立性，解决UP主经济来源。

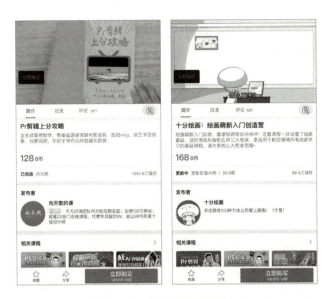

图 8-33　通过付费课程变现

每个月 5 号，上个月打赏的电池就会自动转换为贝壳。UP主可以通过贝壳提现进行变现，具体操作如下。

- 步骤01　打开B站移动客户端，进入"我的"界面，点击"我的钱包"按钮，如图 8-34 所示。
- 步骤02　进入"我的钱包"界面，点击"贝壳"按钮，如图 8-35 所示。

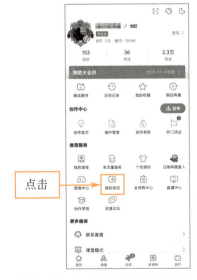
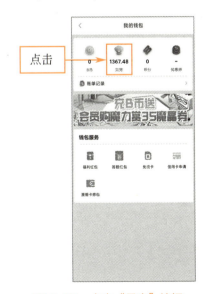

图 8-34　点击"我的钱包"按钮　　图 8-35　点击"贝壳"按钮

步骤03 进入"贝壳账户"界面,确认可提现贝壳数量,点击"提现"按钮即可,如图8-36所示。

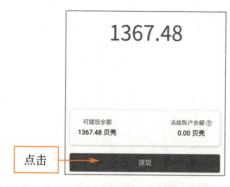

图8-36 点击"提现"按钮

第 9 章
淘宝：全网最大的电商流量池

学前提示

虽然现在有很多电商平台，但是，淘宝仍旧是全网最大的电商流量池。这也就代表它具有巨大的商业潜力。运营者一定要把握好这个平台，找到更好的淘宝掘金方案。

9.1 短视频：淘宝中不容忽视的营销渠道

对于淘宝运营者来说，首先要掌握的就是店铺的短视频投放渠道，主要包括商品主图视频、详情页视频和微淘视频3个部分，本节分别进行介绍。

9.1.1 商品主图视频：引流吸粉、持续盈利

经常逛淘宝的用户可以发现，许多店铺中的商品主图（商品销售界面中展示的第一个图）会使用短视频，如图9-1所示。与单纯的图片相比，视频内容是动态的，可以更好地对产品进行全方位的展示。如果短视频内容比较具有吸引力，还能达到引流吸粉、为店铺持续获得盈利的目的。

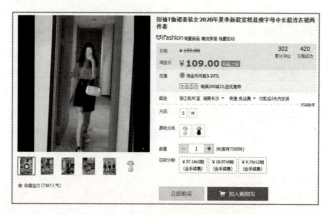

图 9-1 某店铺商品的主图视频

上传商品主图短视频的方法很简单，淘宝运营者可以在淘宝网页端或者千牛平台登录卖家中心，找到出售中的宝贝，选择编辑宝贝，并上传短视频。当用户进入商品展示页面时，短视频就会自动进行播放，展示出商品的不同特色。这样一来，通过短视频便可以全方位、多角度地表现商品的特点，让用户更容易产生购买欲望。

9.1.2 详情页视频：增加用户的浏览深度

通过详情页中的视频，淘宝运营者可以让用户更全面、快速地了解商品的

信息，极大地增加用户的浏览深度。上传详情页视频的方法很简单，淘宝运营者首先订购一个视频服务，如"淘宝视频服务"（在服务市场中搜索该应用并购买即可），如图9-2所示。

图 9-2　购买淘宝视频服务

购买完成后将视频上传到多媒体中心，便可发布新宝贝或者编辑已有的宝贝，在装修页面中将已上传的短视频设置到详情页面中。淘宝宝贝详情页是吸引消费者购物的一个重要因素，越来越多的淘宝运营者开始重视宝贝详情页的设计，并在其中添加短视频来丰富内容，如图9-3所示。

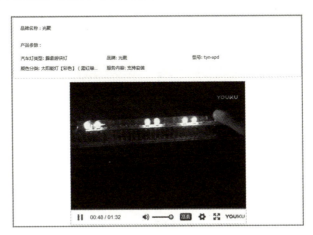

图 9-3　商品详情页中的短视频

9.1.3　微淘视频：让用户更好地了解产品

2016年5月，淘宝微淘上线视频广播功能。商家每天可以在淘宝微淘中发布一条视频广播。下面介绍如何利用淘宝的微淘功能发布商品视频，让用户更好地了解你的产品。

● 步骤01 登录千牛平台，单击"店铺管理→卖家中心"按钮，如图9-4所示。

图 9-4 单击"店铺管理→卖家中心"按钮

● 步骤02 进入"卖家中心"界面，在左侧导航栏的"常用操作-自运营中心"选项区中，单击"微淘内容管理"按钮，如图9-5所示。

图 9-5 单击"微淘内容管理"按钮

● 步骤03 进入"阿里·创作平台"主页，在左侧导航栏的"首页-创作"选项区中，单击"发微淘"按钮，如图9-6所示。

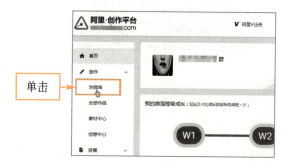

图 9-6 单击"发微淘"按钮

● 步骤04 执行操作后,中间的窗口中会显示你可以发布的微淘内容类型,单击其中的"短视频"按钮,如图9-7所示。

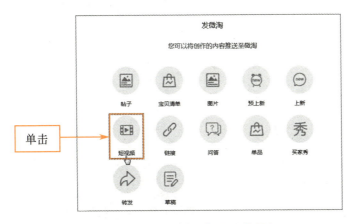

图9-7 单击"短视频"按钮

● 步骤05 进入"短视频"界面,单击"添加视频"按钮便可以上传视频,下方还可以添加群聊、投票、福利和征集活动等互动玩法,设置相关的推送信息,如图9-8所示。设置好短视频信息后,单击"发布"按钮,即可发布到微淘平台,商家还可以根据自己的商品属性来设置定时发布,让短视频更加精准地传达给消费者。

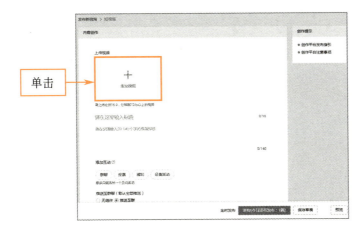

图9-8 短视频的相关设置

图9-9所示为微淘中的相关短视频内容。淘宝运营者甚至可以在一篇微淘内容中同时放置9个短视频,并且每个短视频的播放界面中还会显示商品的购买链接。

图9-9 微淘中的相关短视频

9.2 直播：进行用户运营、互动营销的利器

淘宝的直播板块已经具有了一定的规模，在这种情况下，直播带货已经变成了一种常见的销售方式。因为淘宝网站本身就拥有着大量的商家店铺以及广泛的群众基础，所以淘宝直播便成了用户运营、互动营销的利器。

9.2.1 如何开通：淘宝直播入驻方法

淘宝直播的入驻方法可以分为两种：第一种是普通用户的入驻；第二种是商家、达人和档口主播的入驻。下面先来介绍第一种操作方法。

▶ 步骤01 打开手机淘宝App，点击主页界面的 按钮，如图9-10所示。

▶ 步骤02 进入扫码界面，如图9-11所示。对准主播二维码进行扫码，或者从相册中选取官方指定的二维码进行扫码。

图9-10 点击"扫码"按钮

图9-11 进入扫码界面

> **步骤03** 扫描二维码后,进入"淘宝直播入驻指南"界面,在界面中点击"个人主播"按钮,如图9-12所示。

> **步骤04** 进入"个人主播入驻指南"界面,滑动屏幕至界面下方,点击"一键开通直播权限"按钮,如图9-13所示。

图9-12 点击"个人主播"按钮

图9-13 点击"一键开通直播权限"按钮

> 步骤05　进入"主播入驻"界面,点击"实人认证"中的"去认证"按钮,根据提示完成认证,如图9-14所示。

> 步骤06　实人认证成功后,❶点击"主播入驻"界面中的"同意以下协议";❷点击下方的"完成"按钮,即可入驻成功,如图9-15所示。

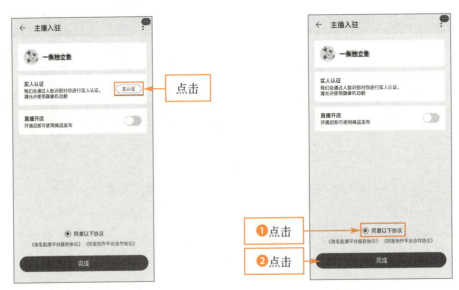

图9-14　点击"去认证"按钮　　　　图9-15　点击"完成"按钮

第二种直播入驻方法需要先下载最新的淘宝主播App,安装完成后,可根据如下步骤进行直播的创建。

> 步骤01　打开淘宝主播App,注册账号并登录淘宝主播App后台,点击后台界面左上方的"主播入驻"按钮,如图9-16所示。

> 步骤02　进入"创建直播"界面,在界面中根据个人实际情况填写相关信息,信息填写完毕后,点击屏幕下方的"创建直播"按钮,如图9-17所示。

> 步骤03　进入"淘宝直播"界面,点击"开始直播"按钮,如图9-18所示。

> 步骤04　执行操作后,即可进入淘宝直播状态,若想要结束直播,点击下方的"结束直播"按钮即可,如图9-19所示。

> 第9章
> 淘宝：全网最大的电商流量池

图 9-16　点击"主播入驻"按钮

图 9-17　点击"创建直播"按钮

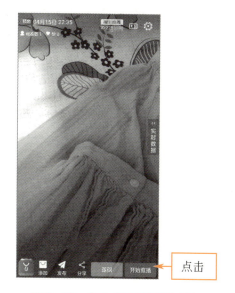

图 9-18　点击"开始直播"按钮

图 9-19　点击"结束直播"按钮

9.2.2　如何玩转：淘宝直播的运用技巧

运营者获得直播权限之后，该如何运营呢？接下来进行具体介绍，并推荐给大家一些运营技巧。

215

1.直播通知

在进行直播前,运营者要做好直播通知,让粉丝知道你直播的时间。如果没有通知,那么很多粉丝可能会错过你的直播。在进行直播通知时,运营者可以运用小喇叭公告、小黑板和群消息等。为了让直播通知尽可能地让所有的粉丝看到,可以利用上新预告来进行通知,也可以将直播信息推送到广场。

2.直播标题

在直播标题的选择上,要重点突出产品卖点、明星同款、当下流行或其他元素等,例如特卖、清仓、东大门爆款、网红同款和高级感等。此外,还可以根你直播的风格来选取相对应的词语。

3.竖屏直播

当单人直播的时候建议使用竖屏直播,这样便于用户直接观看。在店家展示产品的时候,竖屏也比较合适,例如服装直播能将主播整个穿搭拍进镜头。

4.粉丝分层

运营者可以在直播设置中点击"粉丝分层"选择适合你的规则,而观看直播的用户则会根据你所选择的规则来进行分层。

例如,运营者可以将规则设置为:每日观看直播、发布一则评论之后,分别增加2分;关注主播、观看时长超过4分钟都增加5分;点赞和分享次数达到一定次数可增加不同数值的积分等。

5.观看奖励

运营者可以根据观看时长设置奖励,观看直播达到对应时长之后,便可获得小额红包、优惠券和赠品等福利,以此吸引用户持续观看直播。当直播间的气氛达到一定程度时,运营者可进行抽奖,公布中奖用户时,需要注意安抚未中奖用户并通知下一次抽奖时间。抽奖可以每15分钟进行一轮,也可以按照其他时间有规律地进行抽奖。

6.直播内容

主播在进行产品推广时,可以利用故事进行介绍;也可以与其他同类产品进行对比,更好地突出产品的优势;还可以采取饥饿营销,调动用户的积极性。

主播直播时的精神一定要饱满,可以用热情打动用户。在进行产品讲解时,主播需要耐心介绍产品的功能并且进行相关操作示范，以减轻用户的操作难度，让用户更容易掌握操作流程。

9.3 引流：快速提升产品权重、引爆流量

在淘宝平台中，运营者可以通过一些引流措施，快速提升产品权重、引爆流量，让直播中的商品被更多用户看到。这一节就来介绍淘宝引流的4种方法。

9.3.1 有好货：通过发布内容引流

运营者可以通过在"有好货"栏目中发布内容来进行引流。"有好货"栏目以单品展现为主，通常来说一篇内容只展示一个商品SKU（Stock Keeping Unit，库存量单位）。

在"有好货"发布的内容中可以重点展示两个方面的信息，即商品的特色和功能。内容必须简约，要在短时间内传达出产品的卖点。图9-20所示为"有好货"的相关界面。

图 9-20 "有好货"的相关界面

9.3.2 每日好店：通过剧情内容引流

"每日好店"可以通过发布剧情类或轻剧情类内容进行引流，具体可以是店铺故事、品牌故事或者店主故事等。"每日好店"的店铺要求为：原创设计、小众好牌、手艺匠人、魅力店主、范畴专业、资深买手。图9-21所示为"每日好店"的相关界面。

图 9-21 "每日好店"的相关界面

"每日好店"中每个细分垂直领域的流量都是非常精准的。例如，经常看"每日好店"中"复古风"分类内容的用户基本都是喜欢复古风服饰的，他们购买这类产品的概率非常大。因此，运营者一定要学会通过"每日好店"来"圈粉"，打造IP。

9.3.3 淘宝头条：通过社区互动引流

淘宝未来的发展方向是"内容化+社区化+本地生活服务"，在这些前提的驱动下，"淘宝头条"（又称为淘头条）应运而生。"淘宝头条"提供了新品、测评、园艺和影视等版块，每个版块下面，分别提供不同类目的内容资讯，资讯中可以添加产品链接，不过要注意的是，必须是淘宝系的链接。图9-22所示为"淘宝头条"的相关界面。

图9-22 "淘宝头条"的相关界面

"淘宝头条"的内容以各种生活资讯和产品展示为主，每条内容可以展示1～6种商品。"淘宝头条"短视频内容运营者的收益也比较可观，一篇淘宝头条热读文章可以给运营者带来十多万元的佣金收入。

9.3.4 洋淘：借助优质买家秀内容引流

淘宝会自动抓取、筛选和审核买家秀内容，将符合公域展示标准的内容，收录到"洋淘"频道中。图9-23所示为"洋淘"的相关界面。

淘宝运营者可以邀请买家在"洋淘"频道中上传买家秀短视频。具体操作为：邀请买家进入"洋淘"频道后，❶点击主页的❀按钮，进入拍摄界面；在弹出商品界面，❷选择相关商品；❸点击"选好了"按钮，如图9-24所示。拍摄完商品视频后，即可参与相应的买家秀征集活动。

"洋淘"频道中的内容都来自真实的买家，可信度比较高，而且底部还有商品链接，想购买的用户可以直接点击进入商品详情页。因此，通过"洋淘"频道进入商品详情页的流量非常精准，而且成交转化的概率也非常大。

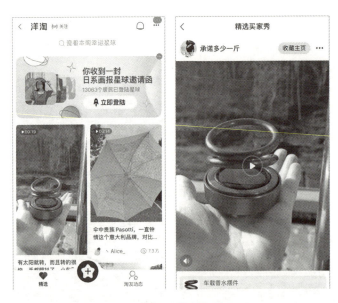

图9-23 "洋淘"的相关界面

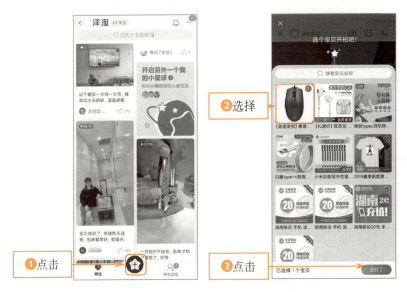

图9-24 发布"洋淘"买家秀的方法

对于淘宝运营者来说,"洋淘"频道是一个不可多得的引流渠道。淘宝运营者可以报名申请成为"洋淘"买家秀TOP商家,从而为店铺带来更多精准流量。"洋淘"买家秀TOP商家的主要优势,如图9-25所示。

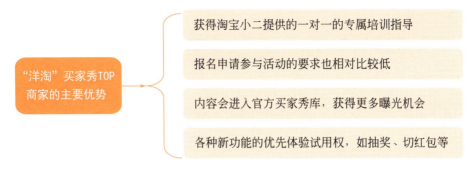

图 9-25 "洋淘"买家秀 TOP 商家的主要优势

"洋淘"买家秀 TOP 商家的报名要求，如图 9-26 所示。如果商家已经符合这些条件，可以登录淘营销进入"首页→活动列表页→'洋淘'买家秀展示商家招募"页面中报名参与。

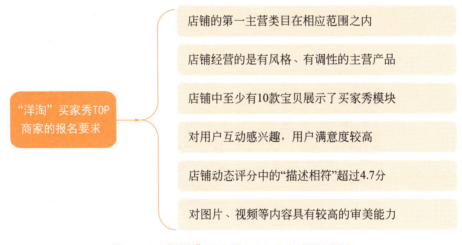

图 9-26 "洋淘"买家秀 TOP 商家的报名要求

9.4 带货变现：助你打造高转化率直播间

直播是淘宝带货变现的常见形式之一，直播是一种动态的试听过程，与传统的电商相比，电商直播可以在直播时呈现产品，更有利于提升产品的真实性，以及展示产品使用细节，帮助用户更好地了解产品的使用，更有利于实现商品的价值交换。

那么,淘宝运营者如何借助电商直播卖货变现呢?在本节中将分享5种直播卖货技巧,帮助淘宝运营者打造高转化率的直播间。

9.4.1 亲密联系:成为用户的私人购物助手

直播过程中,如果主播一直在介绍产品,那么用户肯定会觉得枯燥无味,就会离开直播间,甚至会取消对主播的关注。相反的,如果主播大力发扬直播平台本身的交互优势,及时与用户互动,就会增强用户的参与感,甚至让用户把你当成自己的私人购物助手。这样一来,用户就会更愿意下单购买你推荐的产品。

在淘宝直播过程中,如果用户点击链接前往商品详情页面,那么直播中就会显示"某某正在去买"的字样,如图9-27所示。当主播与用户的关系变得密切时,部分用户会基于信任购买主播推荐的产品,而其他用户在看到"某某正在去买"的字样后,受到从众心理的影响,会更愿意下单购买产品。

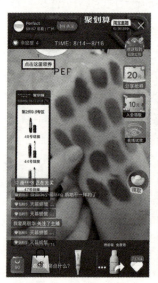 

图 9-27 直播界面显示"某某正在去买"的字样

9.4.2 解决痛点:给出一个不得不买的理由

痛点就是用户急需解决的问题,如果没有解决,就会觉得很痛苦。用户为了解决自己的痛点，一定会主动寻求解决办法。研究显示，每个人在面对自己的痛点时，都是比较有行动效率的。

很多进入直播间的用户对产品都有一定的需求，即使当时的购买欲望不强烈，但是主播如果抓住了用户的痛点，那么，原本购买欲望不强烈的用户也会想要下单购买。例如，部分女性会有脸上长斑的困扰，某直播间便针对这一点进行直播，为用户推荐祛斑产品，如图9-28所示。

图 9-28　针对用户痛点推荐产品的直播

9.4.3　专业导购：内行直播带货更有说服力

产品不同，推销方式也有所不同，在对专业性较强的产品进行直播带货时，具有专业知识的内行更容易说服用户。例如，观看汽车直播的用户多为男性，并且喜欢观看驾驶实况，观看直播大多是为了了解汽车资讯以及买车，所以对汽车有专业认知的主播更受用户的青睐。

在汽车直播中，用户更关心的还是汽车的性能、配置以及价格，所以更需要专业型的导购。图9-29所示为淘宝直播中的汽车直播。

图 9-29　淘宝直播中的汽车直播

9.4.4　活跃气氛：围绕产品特点来策划段子

"段子"本身是相声表演中的一个艺术术语。随着时代的变化，它的含义不断被拓展，也多了一些"红段子、冷段子、黑段子"的独特内涵，近几年频繁活跃在互联网的各大社交平台上。

除此之外也可以策划幽默段子，幽默段子作为最受人们欢迎的幽默方式之一，得到了广泛的传播和发扬。微博、综艺节目和朋友圈里将幽默段子运用得出神入化的人比比皆是，这样的幽默方式也赢得了众多用户的追捧。

例如，在某位有着央视"段子手"之称的主持人与"口红一哥"共同为武汉带货的直播间中，就运用了此方法。在这场直播中，这位央视主持人讲了许多段子，例如"我命由你们不由天，我就属于××直播间。""烟笼寒水月笼沙，不止东湖与樱花，门前风景雨来佳，还有莲藕鱼糕玉露茶，凤爪藕带热干面，米酒香菇小龙虾，守住金莲不自夸，赶紧下单买回家，买它买它就买它，热干面和小龙虾。""奇变偶（藕）不变，快快送给心上人。""人间唢呐，一级准备，OMG，不是我一惊一乍，真的又香又辣，好吃到死掉的热干面令人不能作罢，舌头都要被融化，赶紧拢一拢你蓬松的头发，买它买它就买它，运气好到爆炸，不光买到了还有赠品礼包这么大，为了湖北我也是拼了，天呐！"等。

当主播在直播间中讲述幽默段子时，用户通常都会比较活跃。很多用户都会在评论区留言，更多的用户会因为主播的段子比较有趣而留下来继续观看直播，因此，如果主播能围绕产品特点多策划一些段子，那么直播内容就会更吸引用户。在这种情况下，直播间获得的流量和销量也将随之而增加。

9.4.5 介绍产品：结合产品为用户传授技巧

在直播销售过程中，主播既要抓住产品的特点，又要抓住当下的热点，这样将两者相结合才能产生更好的市场效果，打造出传播广泛的直播。直播如果能够将产品特色与时下热点相结合，就能让用户既对你的直播痴迷无比，又能使用户被你的产品吸引，从而产生购买的欲望。

除了抓住热点，主播还需要掌握商品的相关信息，了解自己在卖什么。这样才不会出现没话可说的局面。

例如，服装销售类主播可以学习一下最近的流行搭配和流行颜色，甚至可以了解一下美妆护肤的知识，丰富自己的才气，这样才可以获得更多用户的关注；又如，美妆带货类主播，除了需要掌握产品的特点以外，还需要了解一些护肤和化妆技巧。图9-30所示为某美妆带货类直播间，主播给用户分享了一些护肤、化妆的技巧。

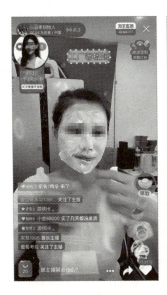 

图9-30　分享护肤、化妆技巧的美妆带货直播间

第10章
拼多多：提高成交量、收益翻倍

学前提示

拼多多可以说是一个后来居上的电商平台，虽然部分人对拼多多比较排斥，但不可否认的一点是，其仍旧获得了大量的忠实用户。

而对运营者来说，很关键的一点就是吸引这些忠实用户的注意力，从而通过卖货提高成交量，使收益翻倍。

10.1 短视频：增加平台的用户黏性和使用时长

随着短视频内容越来越受用户的欢迎，拼多多平台也开始通过短视频来传递信息。运营者不仅可以在聊天时给用户发送信息，增强用户的黏性，还可以插入产品轮播视频，增加用户的停留时间。

10.1.1 聊天小视频：满足向用户发送视频的需求

运营者如果在拼多多商家平台上传了短视频，便可以在与用户聊天的过程中发送短视频。具体来说，运营者可以通过如下步骤进行具体操作。

步骤01 登录拼多多商家后台，单击左侧菜单栏中的"店铺管理→图片空间"按钮，如图10-1所示。

图 10-1　单击"店铺管理→图片空间"按钮

步骤02 操作完成后，进入"拼多多图片空间"界面，单击"上传文件"按钮，如图10-2所示。

图 10-2　单击"上传文件"按钮

步骤03 操作完成后，会弹出"选择文件"提示框。单击提示框中的"选择图片／视频"按钮，如图10-3所示。

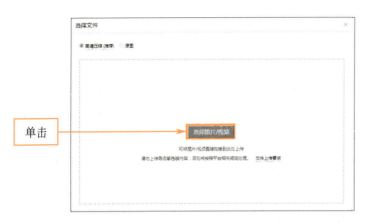

图 10-3 单击"选择图片/视频"按钮

步骤04 从电脑中选择需要的短视频，选择完成后，将弹出"正在上传"提示框，如图 10-4 所示。

图 10-4 "正在上传"提示框

步骤05 上传完成后，单击"关闭"按钮，返回"拼多多图片空间"界面，便可以看到"全部文件"下方已经完成上传的短视频，如图 10-5 所示。

图 10-5 完成上传的短视频

步骤06 运营者只需单击文件后方的"复制链接"按钮，并将链接粘贴到输入框中，便可在聊天对话框中将短视频发送给用户了。

10.1.2 产品轮播视频：视频内容的选题策划是重中之重

如今，大部分产品都制作了轮播视频，当用户进入产品详情页后，第一眼即可看到轮播视频。轮播视频比轮播图更具有优势。具体来说，如图10-6所示。

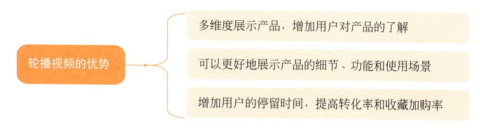

图 10-6　轮播视频的优势

在制作轮播视频时，运营者需要深入分析产品的功能并提炼相关的卖点，然后亲自去使用和体验产品，通过视频来展现产品的真实应用场景。在拍摄产品视频时，运营者可以根据用户痛点需求的关注程度，来排列产品卖点的优先级，全方位展示产品信息，吸引用户购买。

例如，女装产品的用户痛点包括做工、舒适度、脱线、褪色和搭配等，她们更在乎产品的款式和整体搭配效果。因此，运营者可以根据"上身效果+设计亮点+品质保障+穿搭技巧"等组合来制作轮播视频，相关示例如图10-7所示。

图 10-7　女装产品轮播视频示例

10.2 直播：合理挖掘直播潜力　增强变现效果

拼多多的多多直播因门槛低、变现快，深受用户的欢迎。那么，运营者和主播要如何将用户尽可能地吸引进自己的直播间，从而增强变现的效果呢？本节就来详细介绍拼多多的直播技巧。

10.2.1 开通直播：具体方法讲解

拼多多的直播又被称为"多多直播"，运营者可以通过如下步骤开启自己的"多多直播"，进行直播带货。

步骤01 登录拼多多App，❶点击界面中的"直播"按钮，进入"直播"界面；❷点击界面中的"我要直播"按钮，如图10-8所示。

步骤02 进入"开直播"界面，❶设置直播封面、标题等信息；❷点击"开始直播"按钮，如图10-9所示。

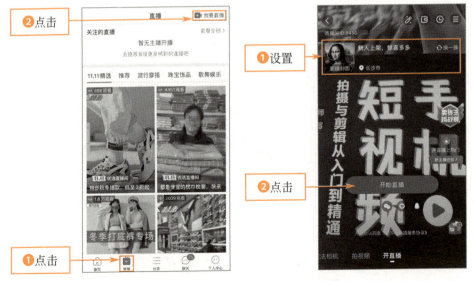

图10-8　点击"我要直播"按钮　　　图10-9　点击"开始直播"按钮

步骤03 进入直播界面，点击"带货"按钮，如图10-10所示。

步骤04 操作完成后，界面中会弹出"全部产品"提示框。点击提示框中

第10章
拼多多：提高成交量、收益翻倍

的"添加商品"按钮，如图10-11所示。

- 步骤05 在弹出的"添加商品"提示框中，❶勾选需要添加的产品；❷点击"确认添加"按钮，如图10-12所示。

- 步骤06 如果运营者或主播要讲解某件产品，还可以点击产品右侧的"立即讲解"按钮，让观看直播的用户知道你要展示的是哪件产品，如图10-13所示。

图 10-10　点击"带货"按钮

图 10-11　点击"添加商品"按钮

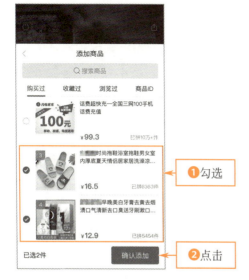

图 10-12　点击"确认添加"按钮

图 10-13　点击"立即讲解"按钮

➡ 步骤07 操作完成后，界面中会弹出"确认讲解×号产品"提示框，点击提示框中的"确认"按钮，如图10-14所示。

➡ 步骤08 操作完成后，返回直播界面便可以看到正在讲解的产品的相关图片出现在"产品"按钮的上方，如图10-15所示。

图10-14 点击"确认"按钮

图10-15 出现正在讲解的产品

10.2.2 直播技巧：助你玩转直播

无论是拼多多App首页界面，还是搜索栏的搜索结果以及场景广告中，都提供了"多多直播"入口。除此之外，产品详情页、店铺首页、关注店铺也是多多直播的流量入口，因此"多多直播"入口出现在平台内用户停留的每个环节。多多直播相对于其他直播，在运营上具有以下特点。

1.直播低门槛

"多多直播"面向所有拼多多用户，未下过单的用户也可以通过"多多直播"进行直播带货，门槛低，规则简单，操作方便，直播设置非常平民化。

2.关注主播福利

"多多直播"主要依靠平台内的流量，以及通过微信等社交分享获得的流量，并且在拼多多直播中，随意点击一个直播间，停留几秒就会显示一个红包，这个功能能够有效提高用户的停留时间，但是只有关注主播才能打开红包，这样操作可以巧妙地利用红包的玩法对直播进行推广。当用户关注主播后，就会显示一个好友助力，通过好友助力，用户可以再次领取红包。

3.同城直播

拼多多设置了同城直播功能，在同城直播中，运营者可以向周边地区的用户推广店铺，让更多附近的人知道，提高店铺的周边影响力，吸引同城用户进店购买产品。

4.用户购买便捷

在"多多直播"界面下方，用户可以随时以拼单的形式购买产品，直播时还有"想听讲解"功能，对于用户感兴趣的物品可以随时提供讲解，便捷的购买方式和随时提供的讲解功能让用户消费更快捷、更容易。

10.2.3　直播规范：违规可免则免

拼多多直播推出了《拼多多商家直播管理规范》，由此也不难看出拼多多平台对于直播的重视。既然平台都如此重视，那么运营者和主播就更要按照管理规范进行直播了。

具体来说，拼多多将直播违规行为分为A、B两类。A类是指除B类之外的其他违规行为；B类是指违反国家法律规定或严重破坏运营秩序的行为。拼多多平台针对不同的违规类型给出了对应的记分标准，如图10-16所示。

3.3. 拼多多有权根据商家的具体违规情况对违规行为的类型以及违规情节轻重进行判定，并作出相应的记分处理，每种违规行为类型及相应情节的记分标准如下：

违规情节	A类违规记分标准	B类违规记分标准
一般	2-24	2-24
严重	25-48	25-96

注：每次违规的具体记分分值以拼多多实际认定为准。

图10-16　拼多多平台不同违规类型的记分标准

需要特别注意的是，直播累计违规记分达到一定数值之后，运营者和主播将会面临一定的处罚。这一点拼多多也在《拼多多商家直播管理规范》中进行了说明，如图10-17所示。

除了违规行为之外，运营者和主播还需要了解拼多多中限制直播的内容。

违规类型	累计违规记分	处理措施
A类违规	12分	关闭直播功能1日
	24分	关闭直播功能7日
	48分	关闭直播功能30日
B类违规	24分	关闭直播功能7日
	48分	关闭直播功能30日
	72分	关闭直播功能90日
	96分	永久关闭直播权限

注：A类违规记分达到48分后，拼多多将以每12分为一个处理节点，即每增加12分，执行一次关闭直播功能30日。若商家因单次A类违规记分后达到两个或以上处理节点的，仍执行一次关闭直播功能30日。

图 10-17　违规记分达到一定数值后将面临的处罚

如果运营者和主播的直播内容是平台限制的，那么将可能面临限流、永久关闭直播权限等处罚。具体来说，《拼多多商家直播管理规范》中分两个部分对限制直播的内容进行了规定，即限制直播的店铺类目和限制直播的产品类目，具体如图10-18、图10-19所示。

限制直播的店铺类目
器械保健
成人用品
烟品/打火机/瑞士军刀
网络服务/软件
旅游路线/商品/服务
影视/会员/腾讯QQ专区
生活缴费
电影/演出/体育赛事
景点门票/周边游
购物卡/礼品卡/代金券
医疗健康服务
隐形眼镜/护理液
OTC药品
精制中药材
处方药

图 10-18　限制直播的店铺类目　　　　图 10-19　限制直播的产品类目

10.3　引流推广：实力吸粉圈粉其实就这么简单

　　因为产品的价格比较低，所以拼多多平台俘获了一批忠实用户。那么，运营者要如何将拼多多平台上的用户引导至自己的店铺、短视频和直播呢？一种比较有效的方法就是借助拼多多商家后台的推广功能推广产品。因为在拼多多中，相关的短视频和直播都可以在产品详情界面中看到，所以当产品获得的流量增多时，短视频和直播获得的流量也会相应增多。

这一节就来重点介绍拼多多商家后台中的5个推广功能，帮助运营者更好地推广产品，从而增加短视频和直播的流量。

10.3.1 搜索推广：助力自然流量提升

搜索推广主要通过关键词竞价来让产品获得更好的排名，为产品和店铺引流，从而提升产品销量。运营者可以通过如下步骤进行产品的搜索推广。

▶ 步骤01 登录拼多多商家后台，单击"推广中心→推广计划"按钮，进入"推广计划"界面，如图10-20所示。单击"推广计划"界面中的"新建计划"按钮，进入"新建推广计划"界面。

图10-20 "推广计划"界面

▶ 步骤02 在界面中❶设置预算日限、投放时段和计划名称等计划信息；❷单击"下一步"按钮，如图10-21所示。

▶ 步骤03 进入"单元信息"界面，❶勾选参与推广计划的产品，运营者可以选择有成交基础、性价比高的产品进行推广，这样对用户才有吸引力；❷单击"下一步"按钮，即可添加相应产品，如图10-22所示。

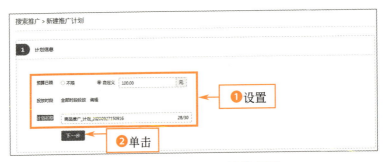

图 10-21 "新建推广计划"界面

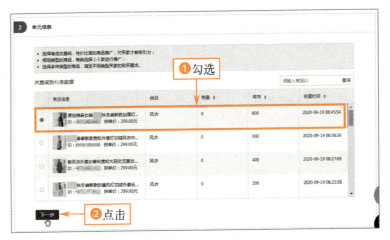

图 10-22 "单元信息"界面

步骤04 进入"出价及定向"界面,运营者可以根据搜索热度添加多个关键词,同时可以参考市场平均出价给每个关键词设置出价,如图 10-23 所示。

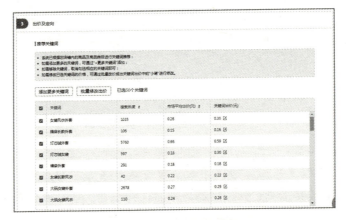

图 10-23 "出价及定向"界面

> 第10章
> 拼多多：提高成交量、收益翻倍

◯ 步骤05　进入"人群溢价"界面，运营者可以通过产品定制人群（产品潜力人群、相似产品定向）、店铺定制人群（访客重定向、相似店铺定向）、叶子类目定向（折扣/低价偏好人群、高品质产品偏好人群、爆品偏好人群、新品偏好人群、高消费人群、平台活跃人群）以及地域等方式来圈选精准人群。设置完成后，单击"下一步"按钮即可完成关键词和定向人群的选择，如图10-24所示。

图10-24　"人群溢价"界面

◯ 步骤06　进入"添加创意"界面，该界面中可以同时设置1个智能创意和4个静态创意。系统会默认开启智能创意，如果运营者要添加静态创意，可以单击界面中的"点击添加创意"按钮，如图10-25所示。

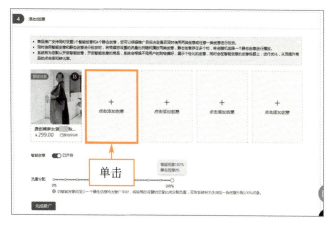

图10-25　"添加创意"界面

237

▶ **步骤07** 操作完成后,弹出"添加静态创意"提示框,运营者可以在提示框中选择创意图片和填写创意标题,同时可以预览创意效果。如果确认添加该静态创意,可以单击提示框下方的"确定"按钮,如图10-26所示。

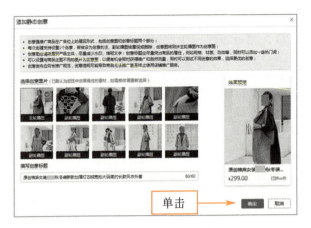

图10-26 "添加静态创意"界面

▶ **步骤08** 返回"添加创意"界面,单击"完成推广"按钮,即可创建单品搜索推广计划。创建好搜索推广计划后,运营者可以进入"店铺推广→推广概况"界面中查看推广计划的实时数据和历史数据,根据数据来调整和优化计划,如图10-27所示。在推广账户选项区中,会根据店铺的实际推广消耗实时展示账户余额,并在日终进行结算,当天全部的店铺推广消耗,可在次日0点查看。

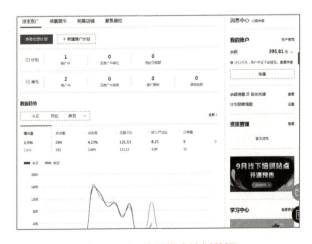

图10-27 查看推广计划数据

10.3.2 场景推广：抢占站内的优质资源

运营者可以进入拼多多商家后台的"推广中心→推广计划→场景展示"界面，查看已有的推广计划，也可以创建新的场景推广计划。下面就来介绍创建新的场景推广计划的步骤。

步骤01 进入"场景展示"界面，单击"新建计划"按钮，如图10-28所示。

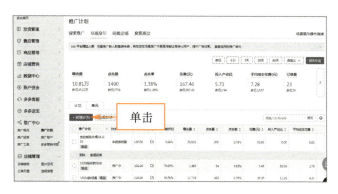

图 10-28 "场景展示"界面

步骤02 进入"新建推广计划"界面，❶设置计划名称（不超过30个字符）、推广类型、预算日限（最低预算为100元）以及投放时段等信息；❷单击下一步按钮，如图10-29所示。

图 10-29 "新建推广计划"界面

步骤03 进入"单元信息"界面，根据10.3.1步骤03中的方法添加产品。

步骤04 进入"出价及定向"界面，❶设置基础出价，这是投放到全体人群、资源位基础流量包时的价格；❷勾选并设置人群溢价信息，如图10-30所示。

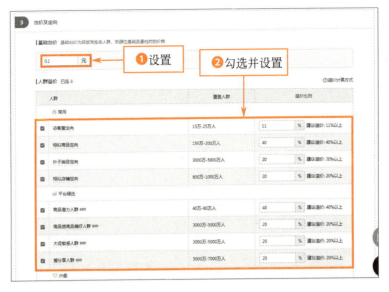

图 10-30 "出价及定向"界面

步骤05 进入"资源位溢价和自动调价"界面，资源位主要包括类目商品页、商品详情页、营销活动页和优选活动页，系统会显示预估的覆盖人群数量，运营者可以根据系统建议溢价来调整溢价比例。调整完成后，单击"下一步"按钮，如图10-31所示。

图 10-31 "资源位溢价和自动调价"界面

步骤06 根据10.3.1中步骤06～步骤08的方法添加创意。运营者需要做好创意的提升，找到场景点击率高的产品图片，使用合理的测图方法，测试创意图片的质量好坏，这是决定能否足够吸引用户点击的重要因素。

10.3.3 专属推广：专属推手可协商佣金

专属推广功能是多多进宝平台开放给商家和推手的一种合作方式，运营者可以在多多进宝中新建专属推广计划，如图10-32所示。商家与推手之间商定好特定的佣金比例及优惠券金额，佣金比率设置范围为1%～90%。推手进行推广，运营者凭借专属推广的订单数向推手结算佣金。

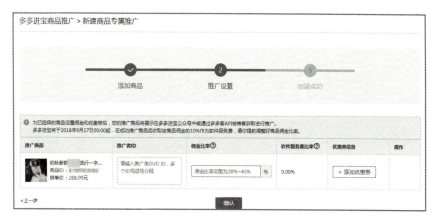

图 10-32 新建专属推广计划

需要注意的是，运营者必须先设置通用推广计划，然后才能设置专属推广。对于有自己的渠道资源的运营者来说，专属推广可以起到迅速起量的作用。

10.3.4 招商推广：对接优质产品与推手

产品招商推广计划是推手和商家之间的桥梁，商家通过选取优质产品，召集大量推手资源帮助商家进行推广。同时，招商团长也为推手呈现优质的高品库，解决了很多推手无好货可推的困境。产品招商推广计划的主要流程如下。

① 商家：提前和招商团长沟通，并协商招商团长佣金比率、"多多客"佣金比率和优惠券等信息，然后进入后台设置招商推广，并同步招商推广计划和招商推广链接给招商团长。

② 招商团长：招商团长分发链接给百万"多多客"推手，由他们转发链接到自己的渠道来推广产品。

下面就来介绍设置招商计划的具体步骤。

◉ **步骤01** 运营者可以在拼多多商家后台"多多进宝→进宝首页"界面的"招商活动广场"板块中单击"进入活动广场"按钮,进入"招商活动"界面,如图10-33所示。

图10-33 进入"招商活动"界面

◉ **步骤02** 选择要参与的活动,在"操作"区中单击"立即报名"按钮,进入"活动报名"界面,如图10-34所示。运营者可以在此选择产品参与招商活动,并设置费率。操作完成后,便报名成功了。

图10-34 进入"活动报名"界面

在招商推广计划中,运营者除了要在线上结算推手佣金外,还需要在线下结算招商团长的服务佣金。多多进宝为了规范结算流程,推出了官方的团长佣金线上结算渠道。运营者可以与招商团长商议，共同确定佣金比率。运营者设置团长佣金线上结算渠道后，则无须再去线下结算，双方商定好后按需更填写相关的设置即可。

10.3.5 全店推广：增加产品的曝光度

全店推广是增加推广效率和产品曝光的一种有效途径。运营者可以通过如下步骤进行。

步骤01 在多多进宝的"推广设置"界面中单击"全店推广"按钮，即进入"全店推广"界面，如图10-35所示。

图10-35 "全店推广"界面

步骤02 单击"全店推广"界面中的"编辑"按钮，会弹出"编辑全店推广"提示框。在该提示框中❶设置全店推广的佣金比率；❷单击"确定"按钮，如图10-36所示。执行操作后，便可完成全店推广的设置。

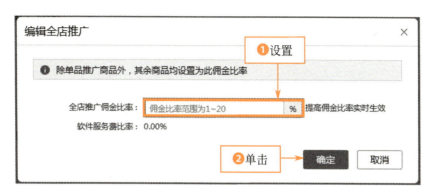

图10-36 "编辑全店推广"提示框

10.4 带货变现：产品能够为用户带来价值

在拼多多带货变现的过程中，产品能否给用户带来价值至关重要。这一节就从更好地为用户提供有价值的产品的角度出发，向大家介绍几个拼多多短视频和直播的带货变现技巧。

10.4.1 品质说话：获得铁杆粉丝

部分用户对拼多多平台上产品的质量比较担忧，在这种情况下，如果运营者能够在短视频和直播中坚持为用户提供高品质的产品，便可以持续获得铁杆粉丝，快速从拼多多平台中脱颖而出。具体来说，可以从两个方面来为用户提供高品质的产品。

1. 保证基础质量

如果某款产品有许多铁杆粉丝，那么这款产品的基础质量肯定是过关的，因为用户不可能长时间盲目地追捧一个产品，除非它的核心品质能让人信服。保证产品的基础质量有哪些标准呢？总结为3点，即产品要真材实料、性能要好、要经得起用户的检验。

2. 为品质加点"料"

除了保证产品的基础质量，运营者还要学会为产品加点"料"，比如个性、品位等。因为随着时代的变化，大多数用户对产品的品质需求已经发生了改变，他们更加追求个性化和高品位的产品。

当然，在为产品品质加"料"的时候也不能忘了产品的基础品质，因为那是产品的根本。如果将产品的品质与品位、个性相结合，相信用户也会蜂拥而至，产品的销量自然也就上去了。

10.4.2 高性价比：抓住用户的心

性价比永远都是消费者购买产品时重点考虑的因素之一。运营者要想吸引更多用户购买产品，就应该在短视频和直播中从性价比入手，牢牢抓住用户的心。

举个简单的例子，两个同样规模的水果店，其中一个产品的价格高一些，另一个产品的价格略低一些，价格高的产品虽然单价赚取的利润较高，但获得的销量少；价格低的产品虽然利润低，但凭借优势，可以获得较高的销量。

运营者在短视频和直播中利用薄利获取价格优势的时候，一定要保证产品的质量，不可为了盈利而粗制滥造。也就是说，产品的性价比要高。不然的话，就算得到了用户一时的追捧，时间一长，还是会被无情淘汰。

10.4.3 货源选择：选好货源渠道

开网店找货源是中小型商家必须经历的过程，例如女装店铺的货源主要包括档口货品、授权货品、工厂货品和一件代发等。运营者要对比和分析这些渠道的优劣势，来选择适合自己的，从而保证货品充足，维持店铺的正常运营。

1. 货源获取方式

通常情况下，拼多多的货源获取方式分为线上货源渠道和线下货源渠道两种，如图10-37所示。

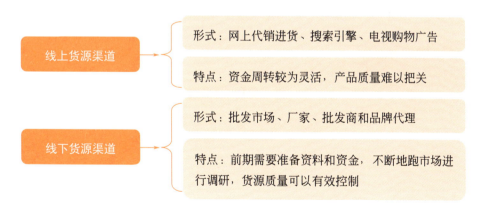

图 10-37　拼多多的货源获取方式

2. 消费人群定位

要选出好的货源，运营者需要针对不同的消费人群来进行店铺定位，包括价格定位、人群定位和款式定位3个方面，如图10-38所示。

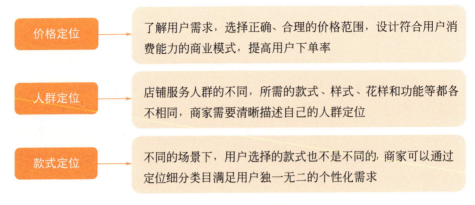

图 10-38 针对不同的消费人群来进行店铺定位

10.4.4 目标市场：提高店铺转化率

产品市场定位主要是确定产品在目标市场上所处的位置，准确的定位可以有效提高短视频和直播的转化率。市场定位的主要工作，如图10-39所示。

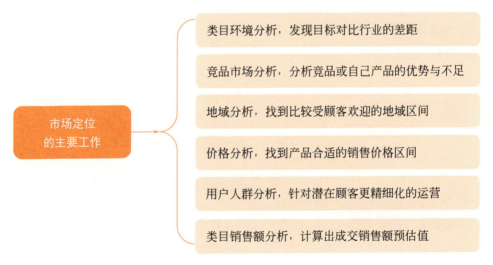

图 10-39 市场定位的主要工作

在分析产品定位时，市场定位是不得不提的一个词，运营者必须了解这两个定位方式的区别。

① 市场定位：选择目标消费者的市场，可以通过地域、性别和年龄等标准来综合选择用户群。

② 产品定位：选择哪种产品，来满足目标消费市场的需求。

如果运营者有自己的工厂货源，可以将现有款式与市场行情进行对比，快速定位出受欢迎的产品款式，具体方法如图10-40所示。

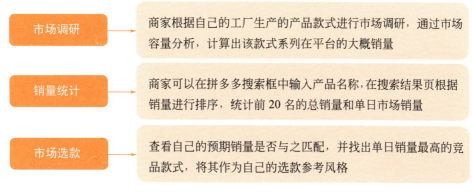

图 10-40　市场定位选款的方法

在了解了受欢迎的款式之后，根据市场的喜好提供产品，并针对产品制作短视频和进行直播，店铺中的产品销量自然就会更有保障了。

10.4.5　精准定位：精准匹配用户群

精细化运营是目前所有电商平台的发展方向，千人千面就是精细化运营下的一种典型表现。拼多多平台会通过大数据算法，更加精准地匹配产品和目标人群，从而提升产品的转化率和成交额。

在这种大背景下，运营者一定要有自己的店铺定位，否则系统无法识别你的店铺定位，那么也就无法给你去推荐精准的流量。这样，看到你的短视频和直播的人，可能都是没有需求的人。在这种情况下，即使你花再多的钱去做推广，可能也是无济于事的。

因此，运营者需要先做好店铺精准定位，然后根据定位风格来选择产品，让店铺的整体风格更加清晰，这样拼多多平台也可以给你的店铺打上更加清晰的标签，在做短视频和直播时也会变得有的放矢。

具体来说，运营者在做短视频和直播时可以通过店铺定位快速找到市场的着力点，开发或选择符合目标市场的产品。这样可以避免店铺绕弯路，同时可以让产品更好地满足用户的需求。店铺精准定位的具体方法，如图10-41所示。

风格偏好 → 店铺定位的风格偏好主要体现在图片风格上,包括主图、海报和详情页等,目前主流的展现形式包括平铺拍摄、服装模特道具拍摄和场景拍摄 3 种,运营者可以根据自己的店铺定位来选择适合自己店铺的视觉风格

款式定位 → 一个店铺内的整体产品款式需要专注统一,运营者可以通过供应链价格和目标消费人群的需求来定位款式,同时结合自身产品展现出一定的风格,从而精准匹配特定人群

年龄定位 → 此处的年龄不同于用户的自然年龄,可理解为用户经常购买什么年龄段的产品,具体可以分为:16 岁以下、16~25 岁、26~35 岁、36~45 岁、46~55 岁和 56 岁以上,运营者可以根据自己的营销目的选择不同年龄层次的人群做推广

图 10-41　店铺精准定位的具体方法